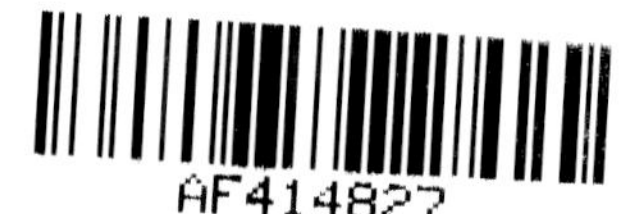

Livre De Coloriage Pour Adultes

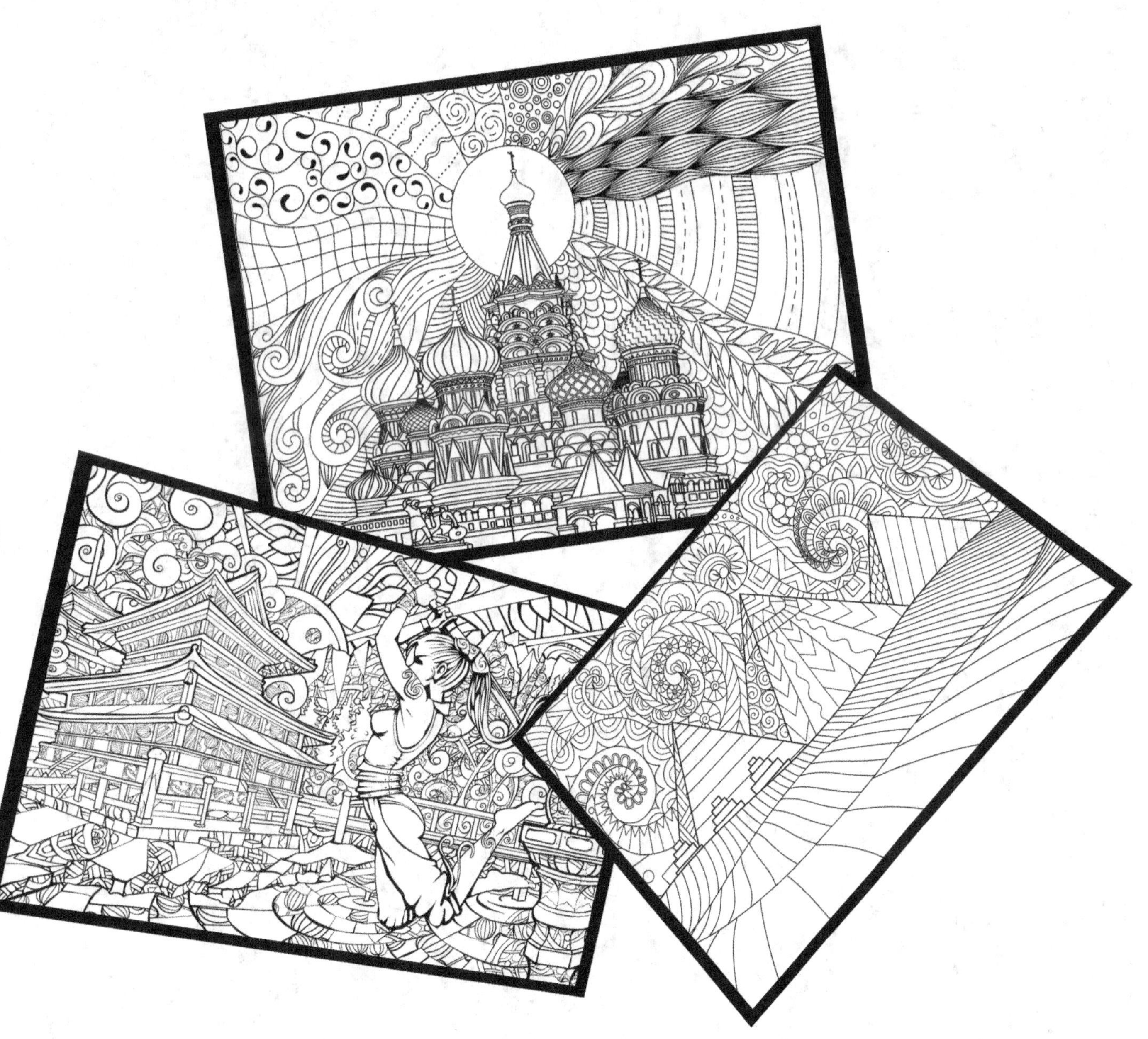

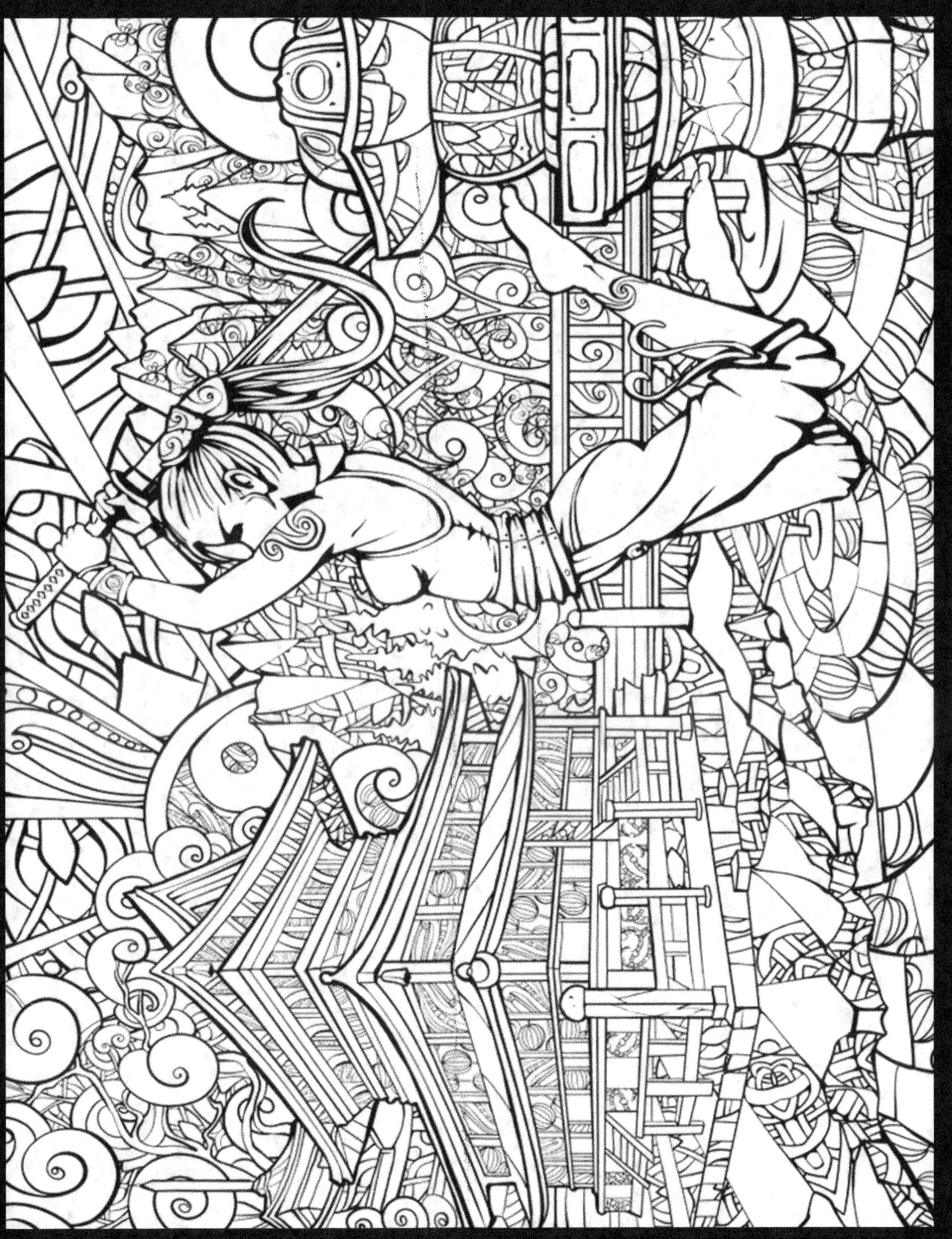

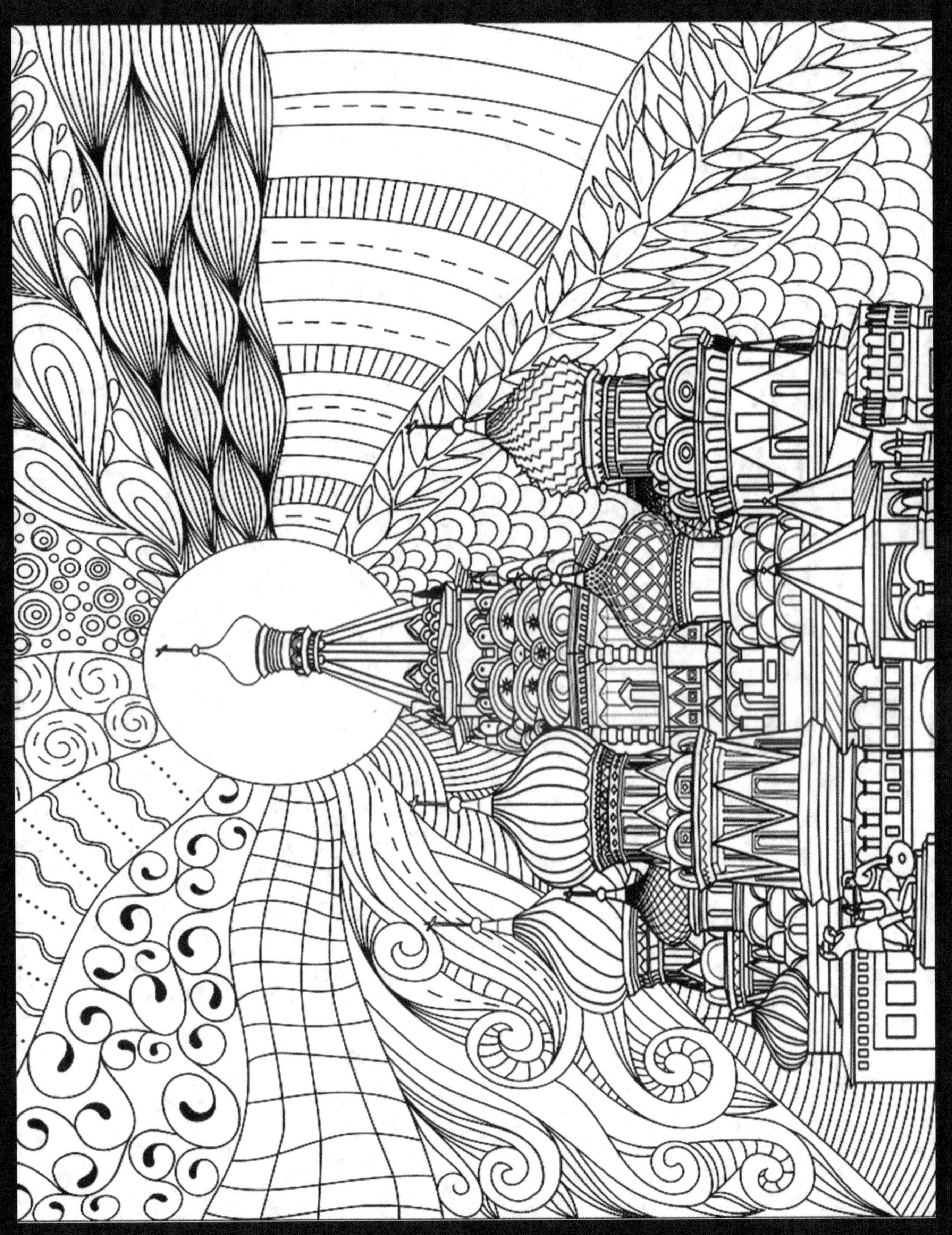

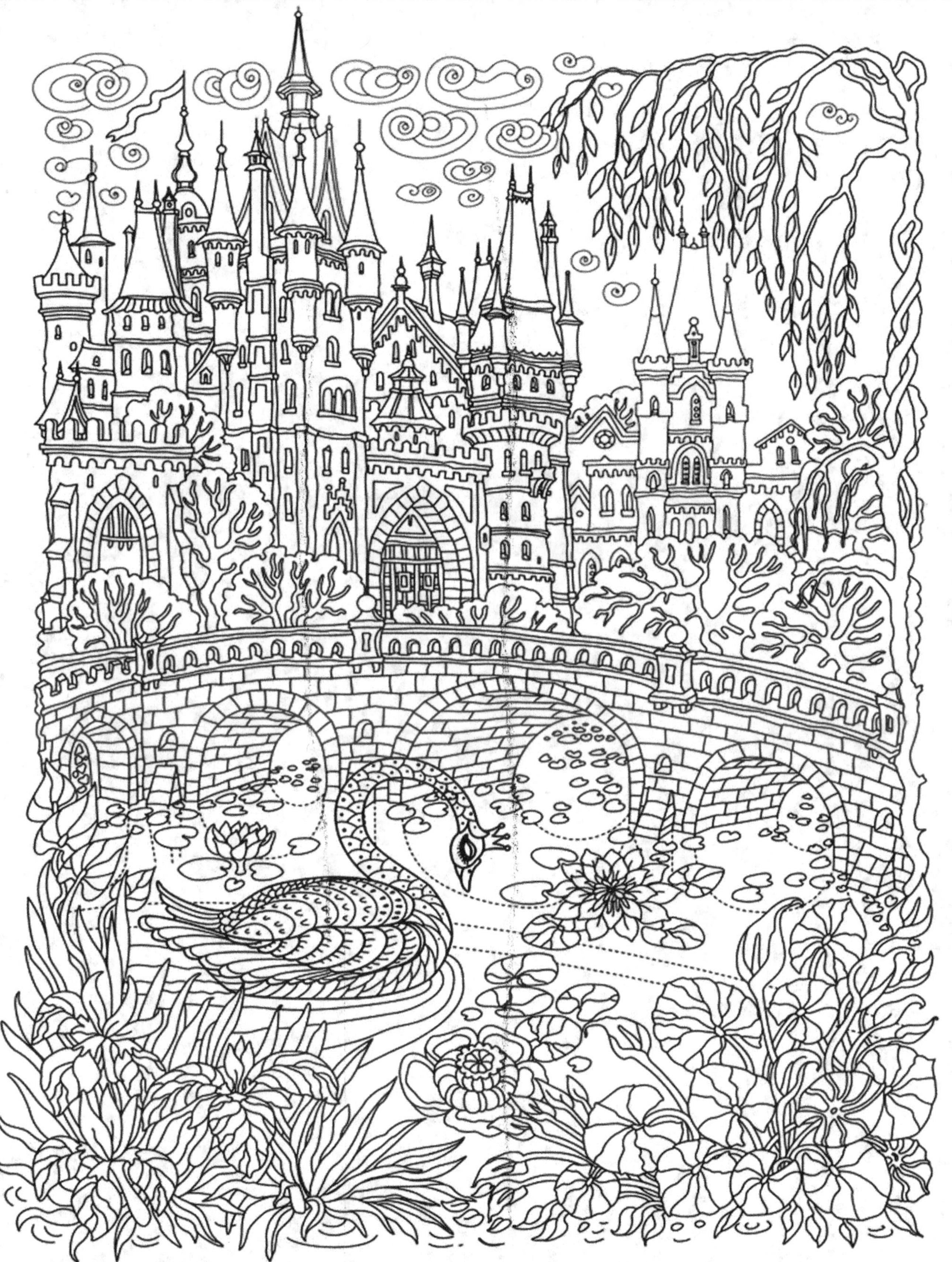

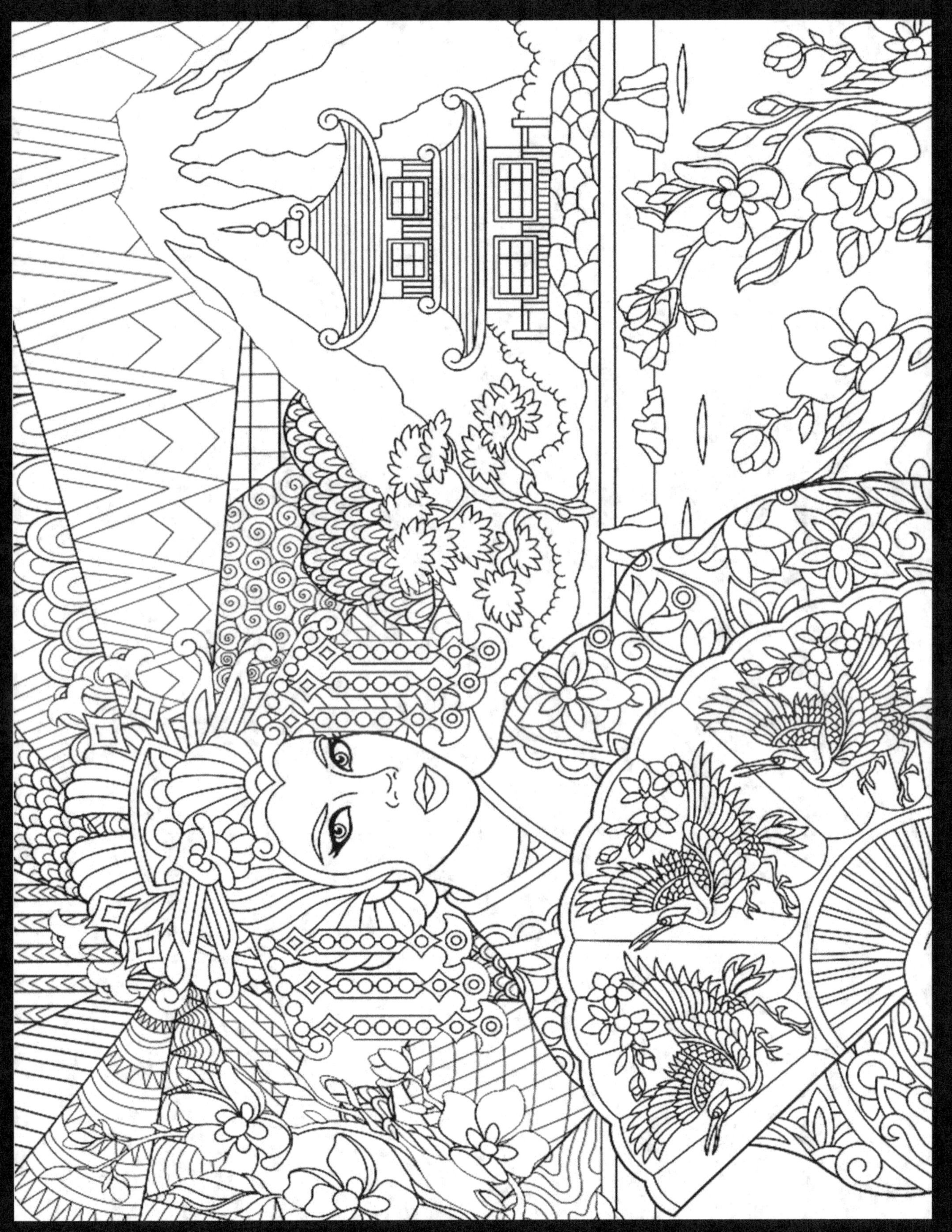

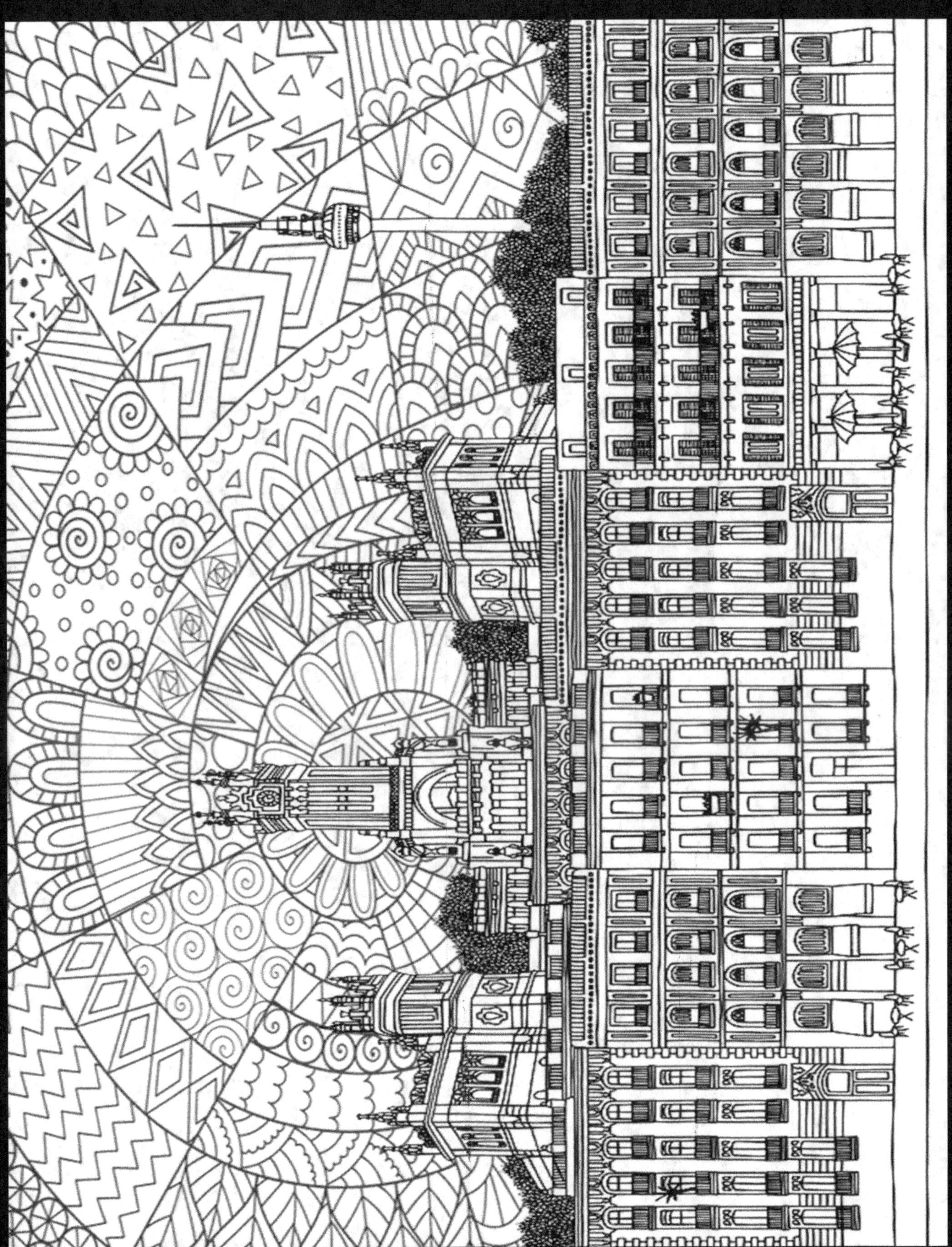

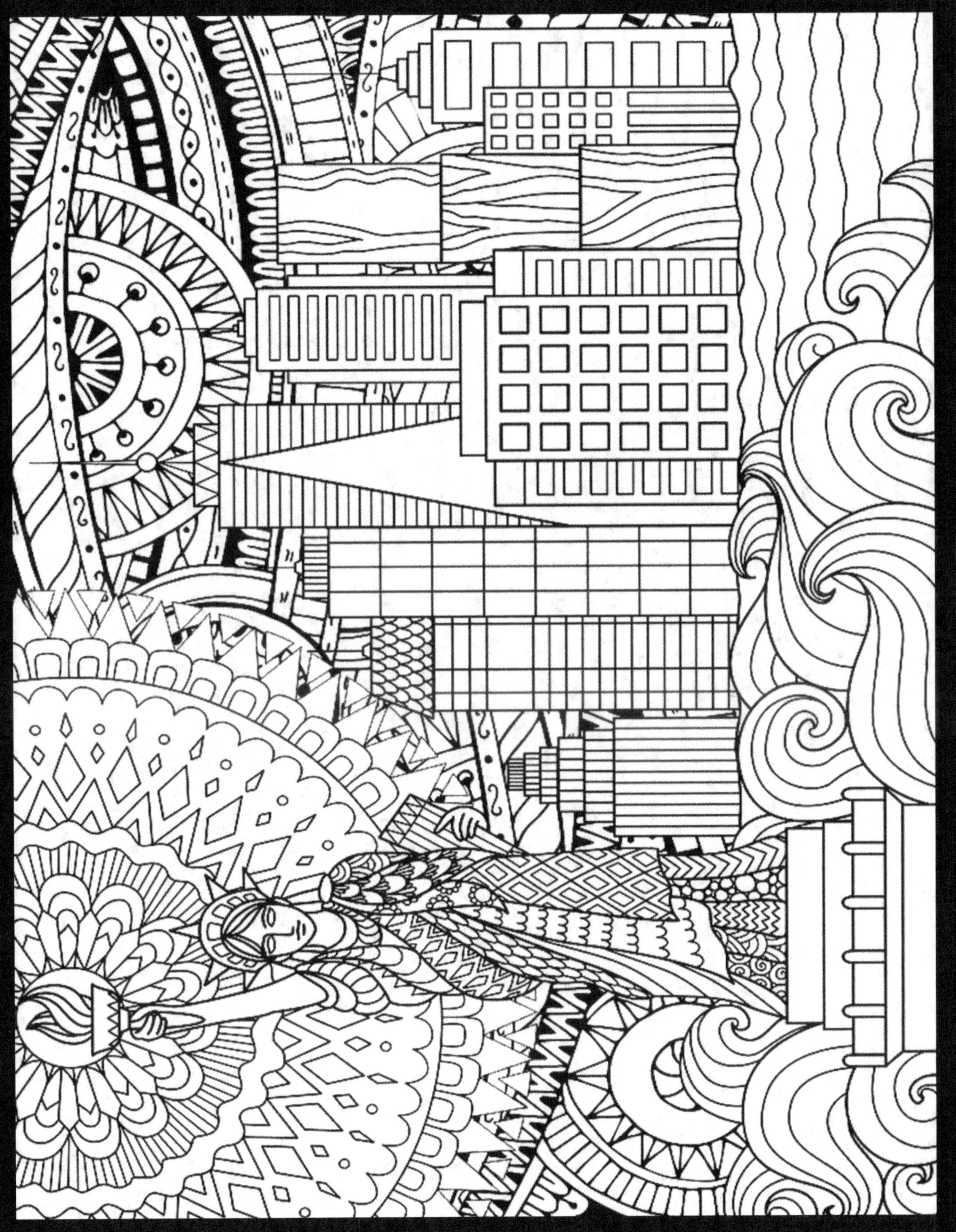

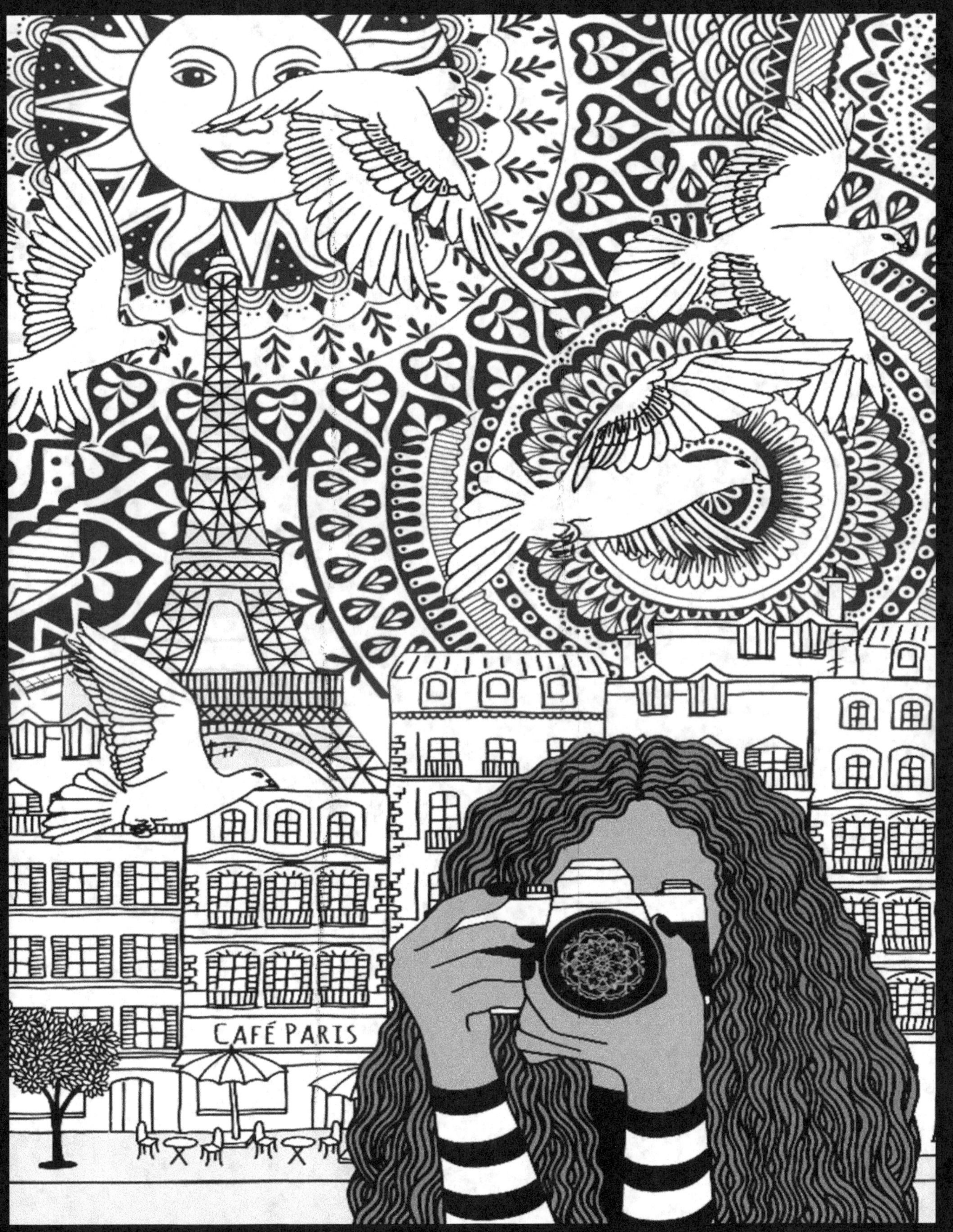
CAFÉ PARIS

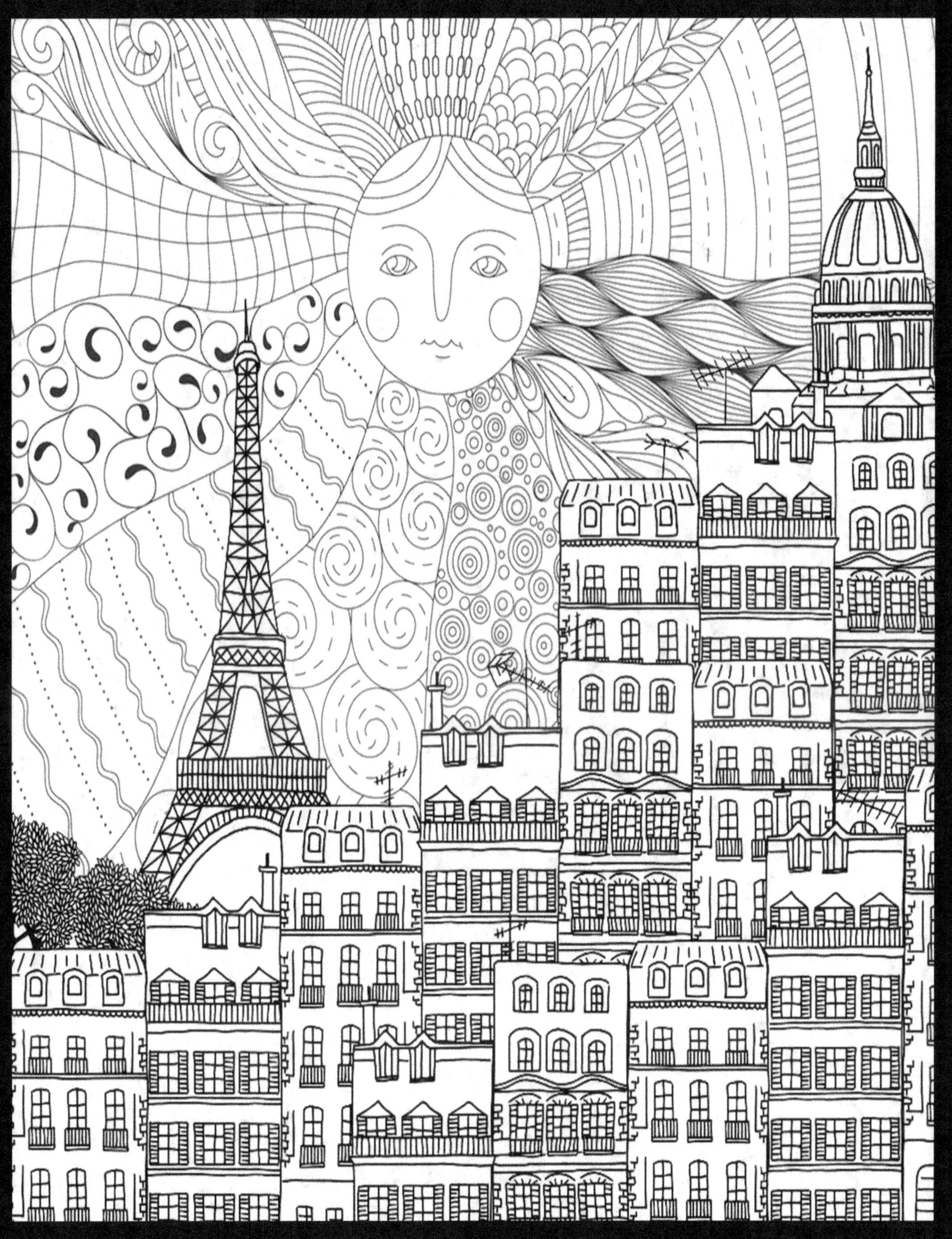

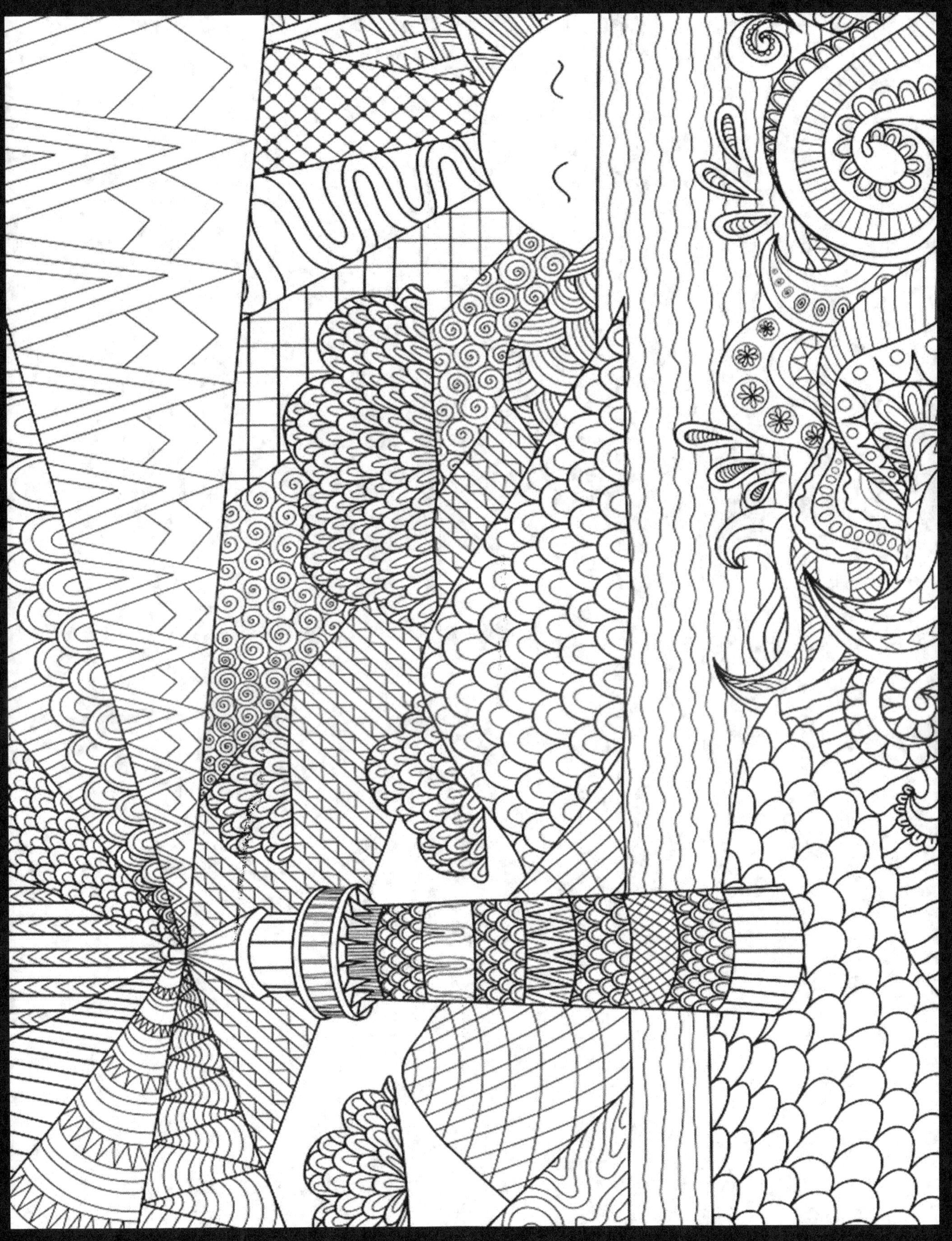

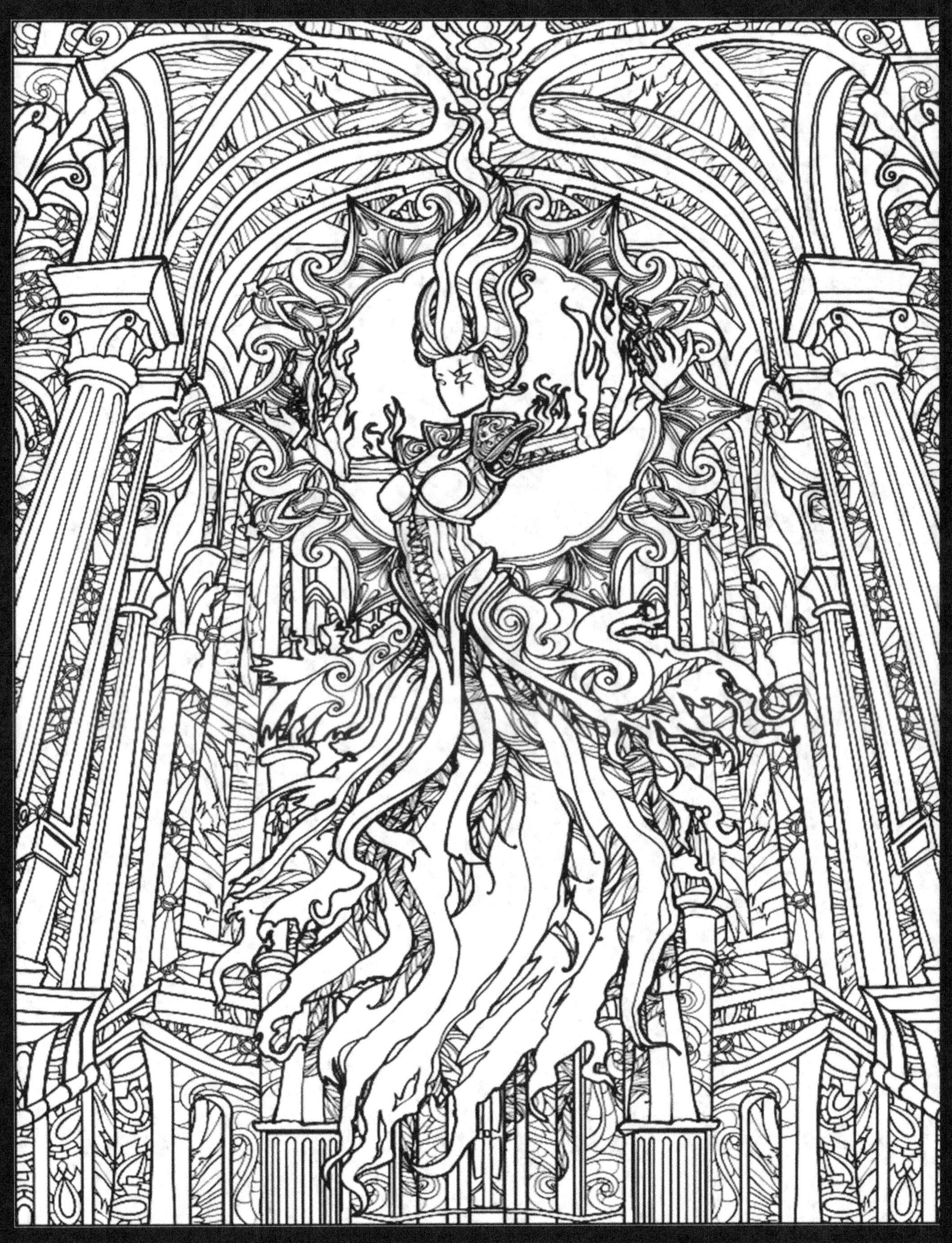

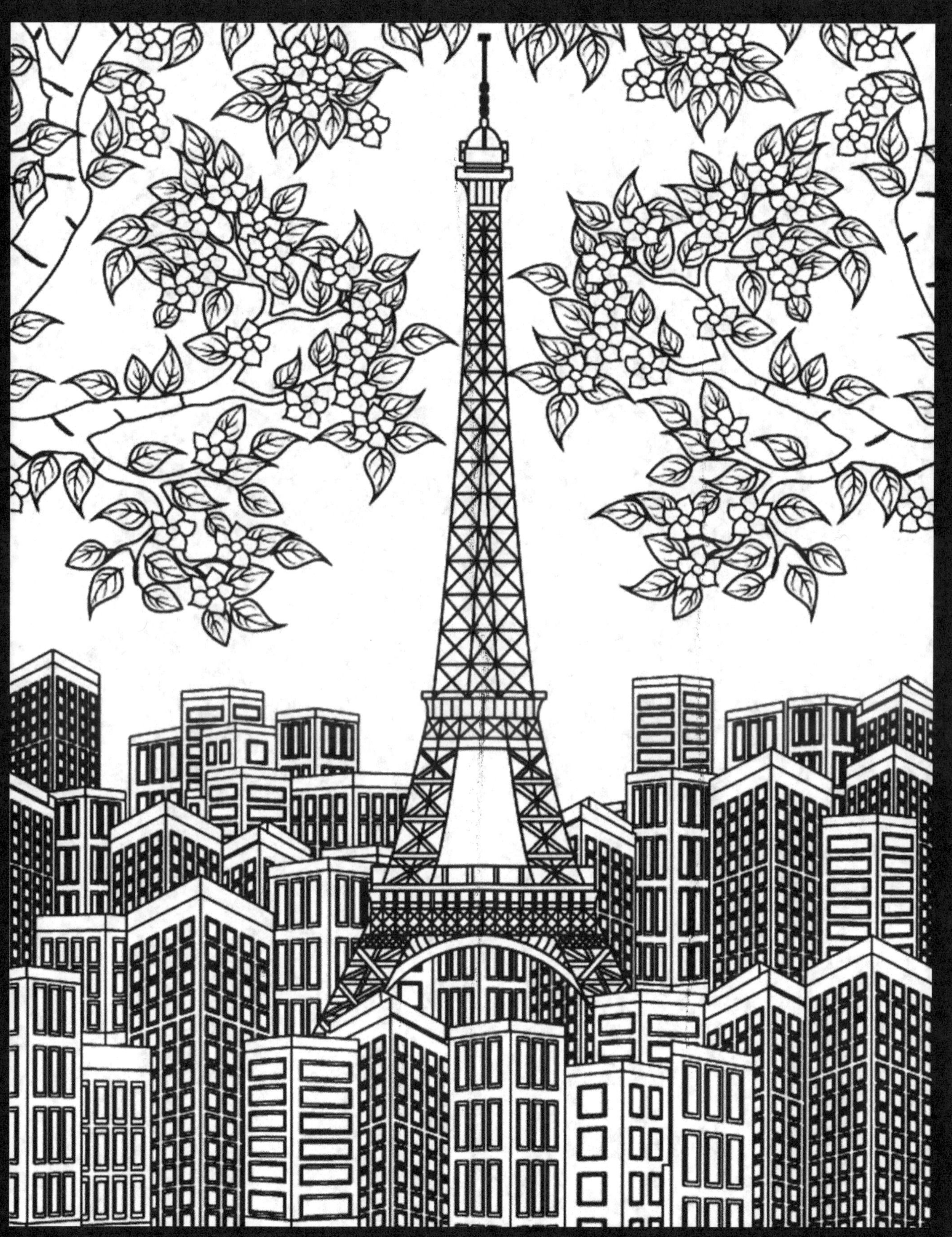

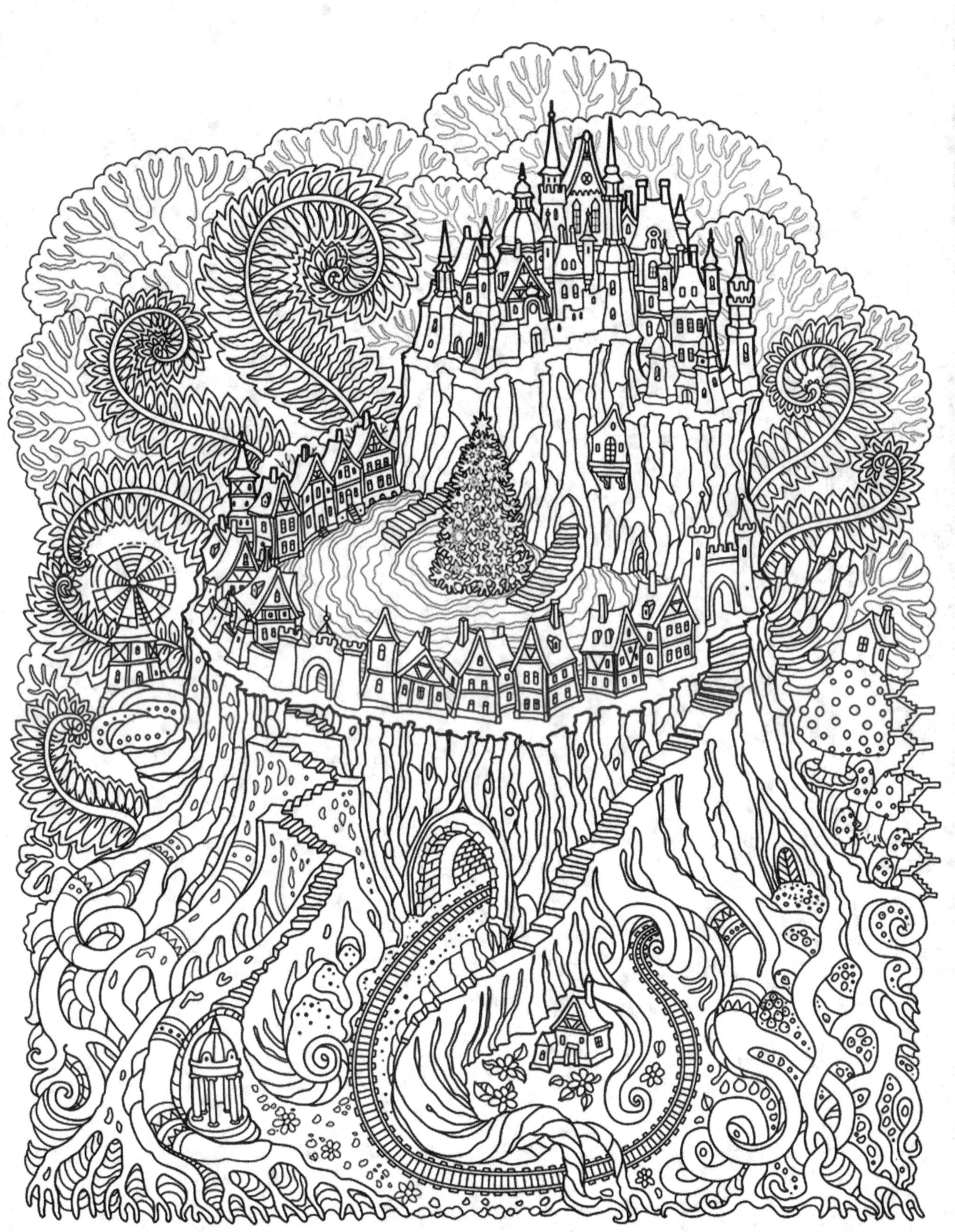

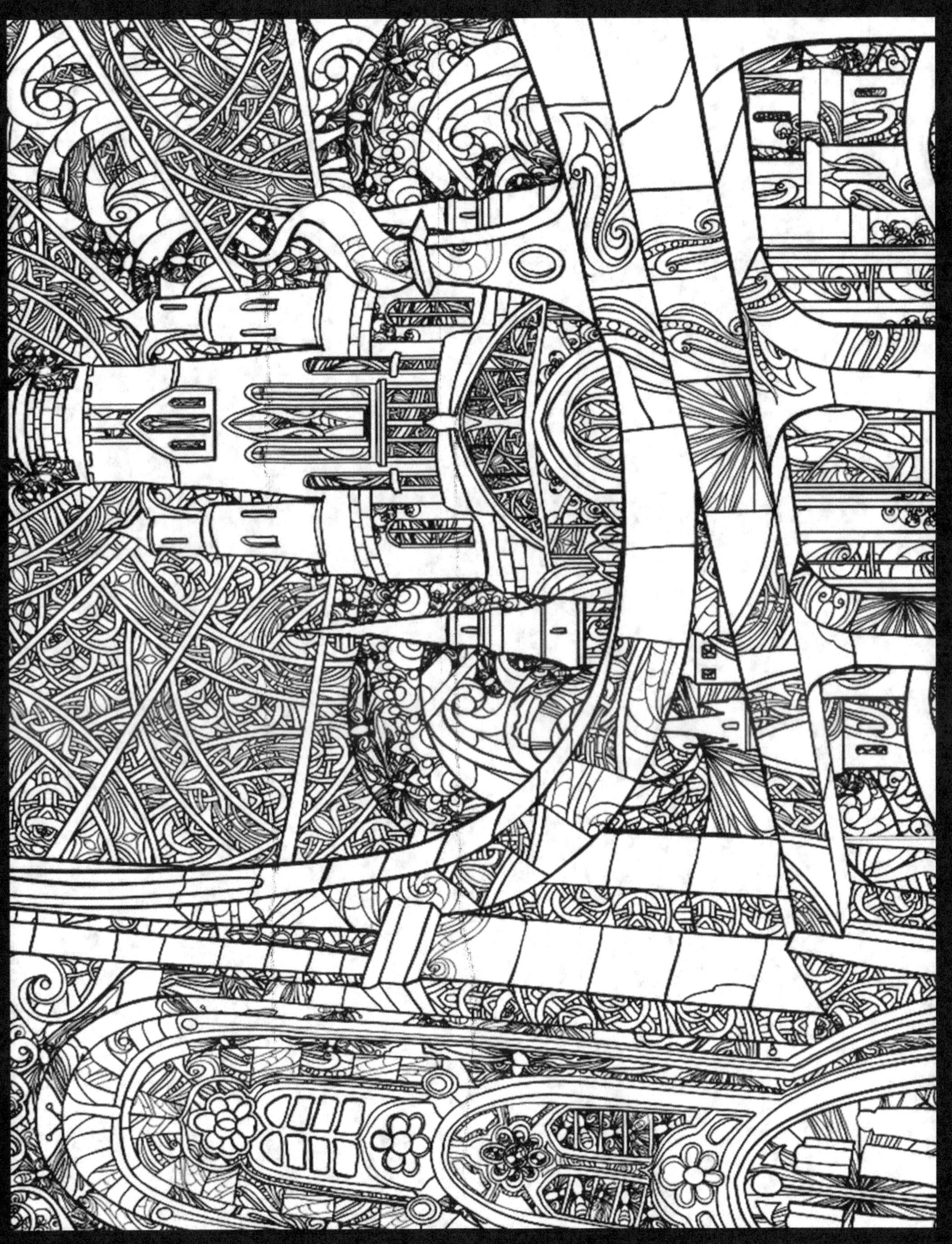

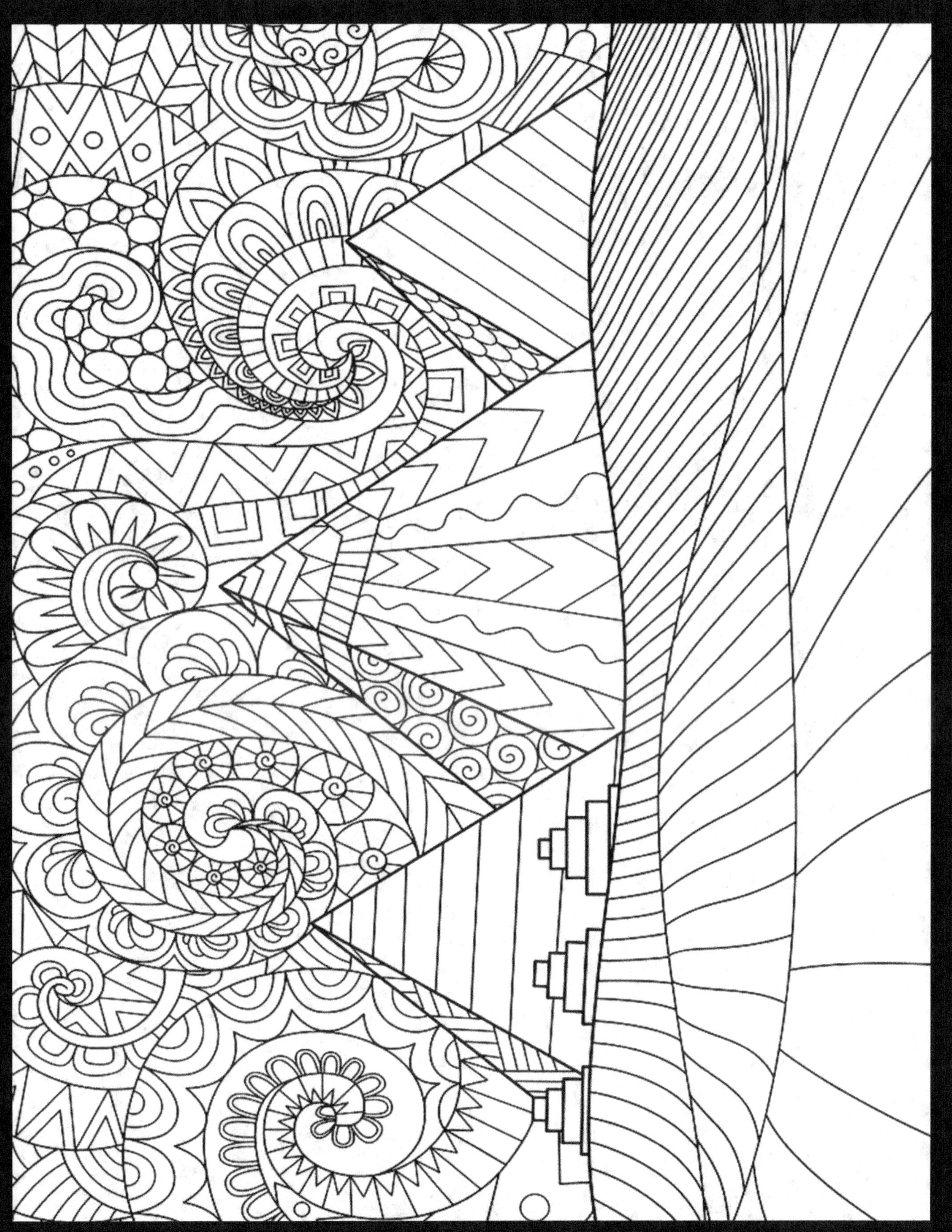

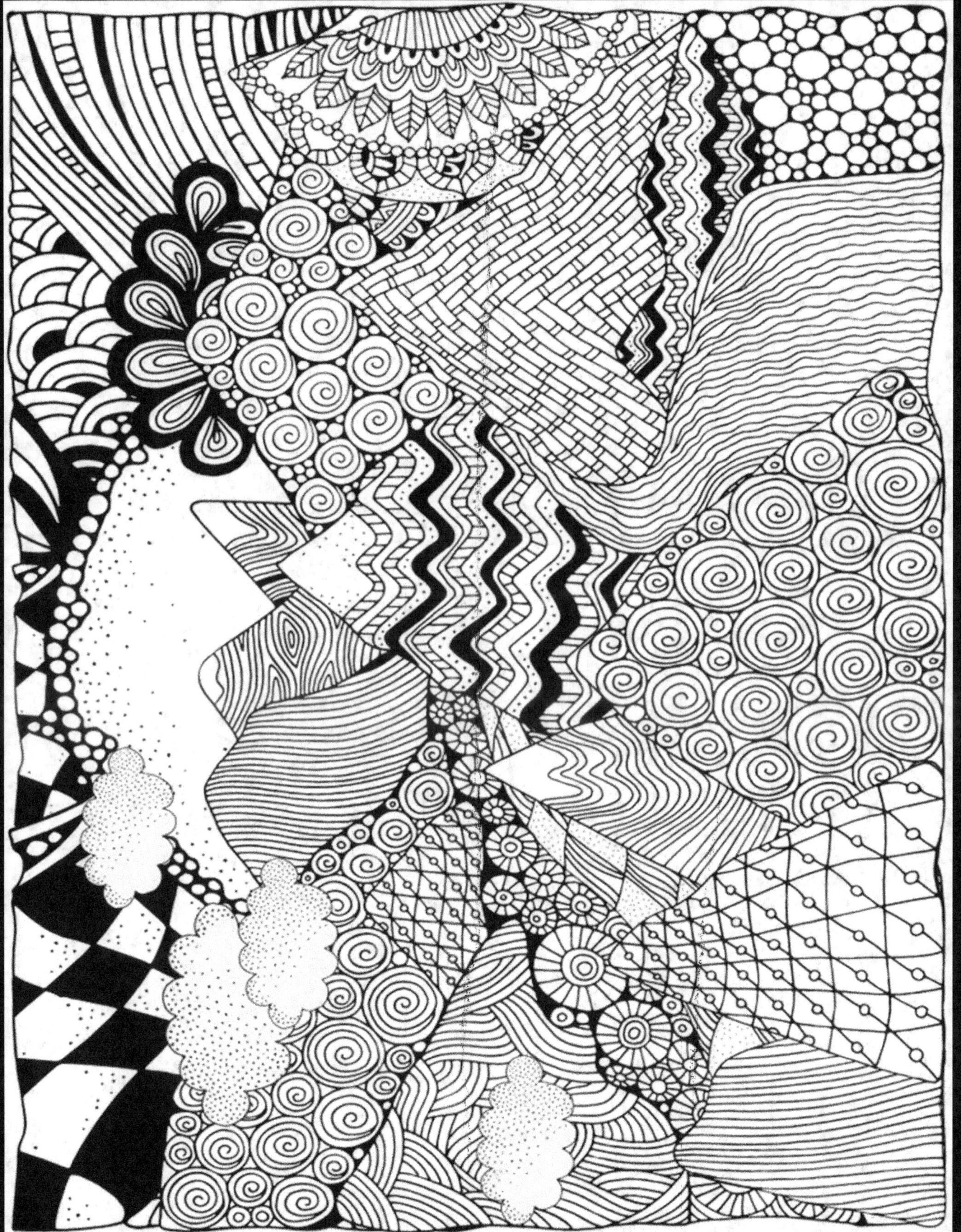

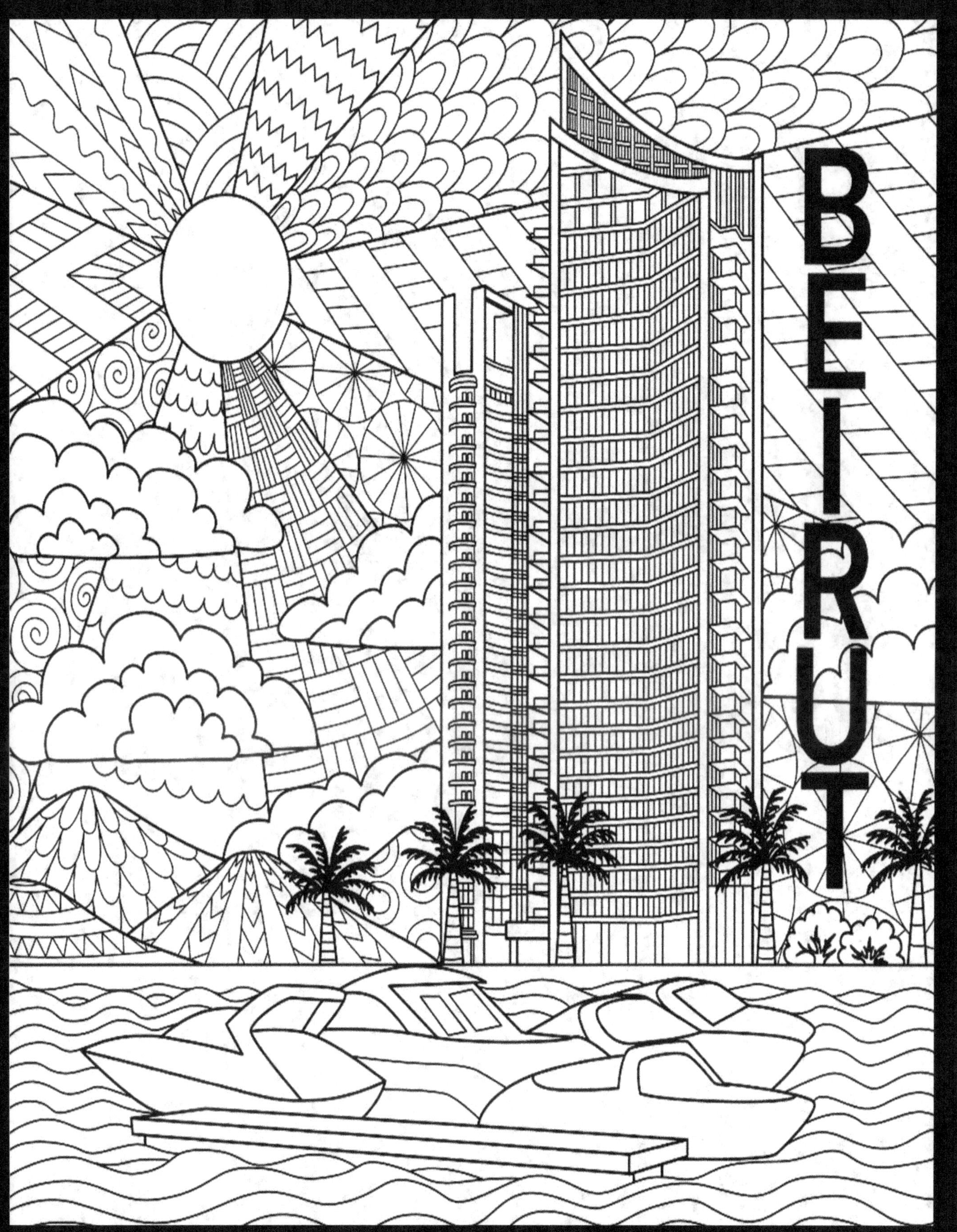

BEIRUT

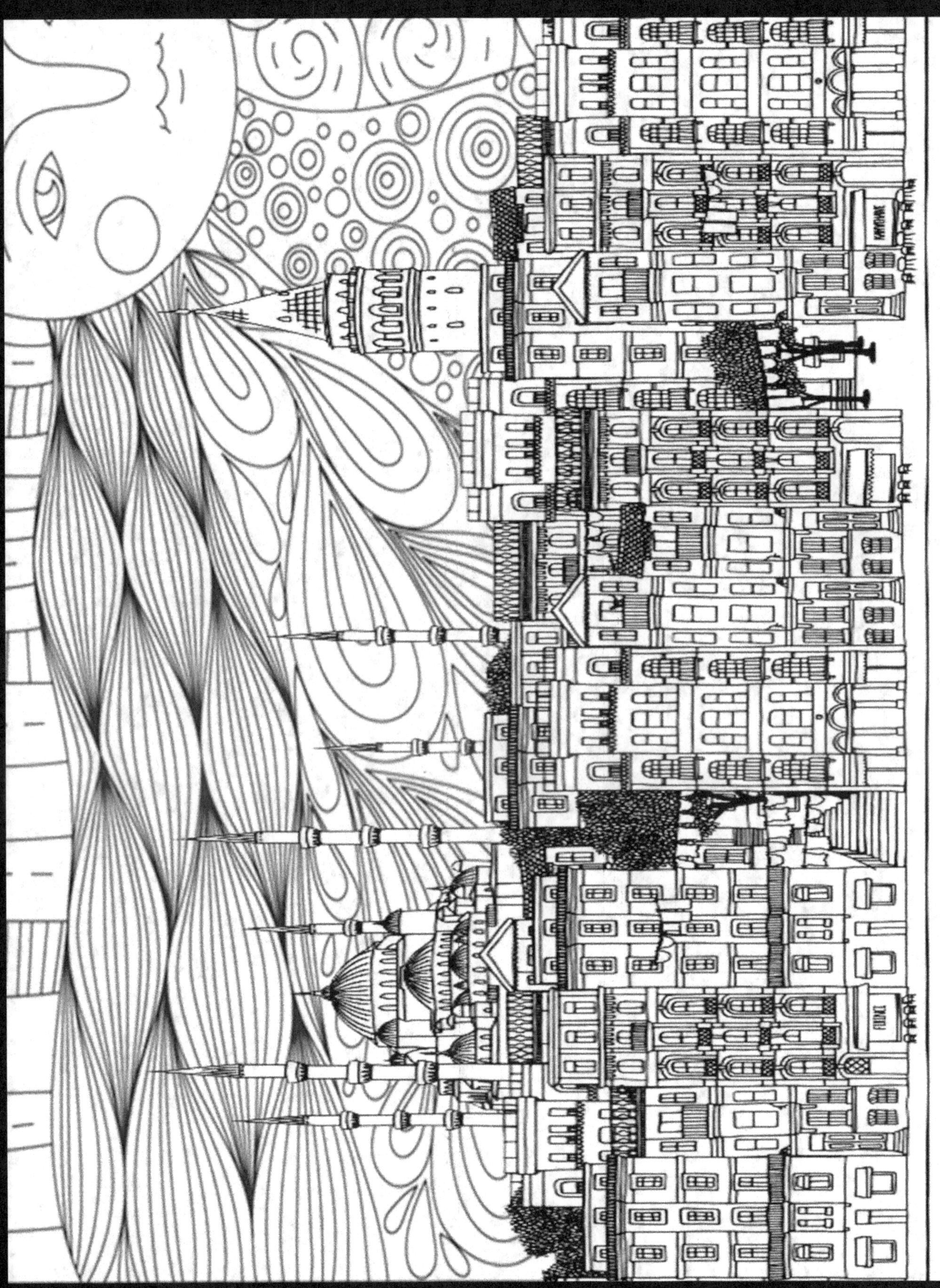

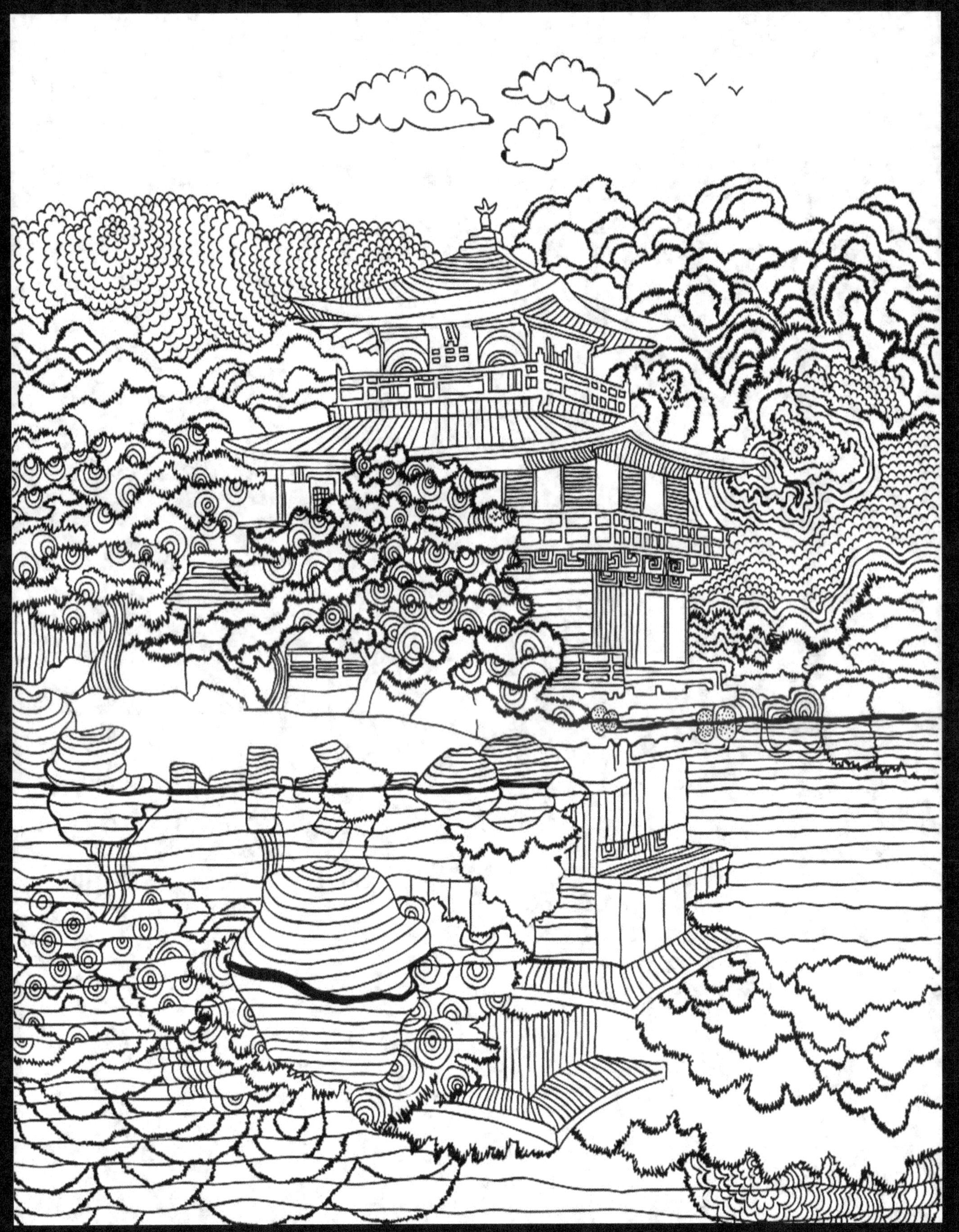

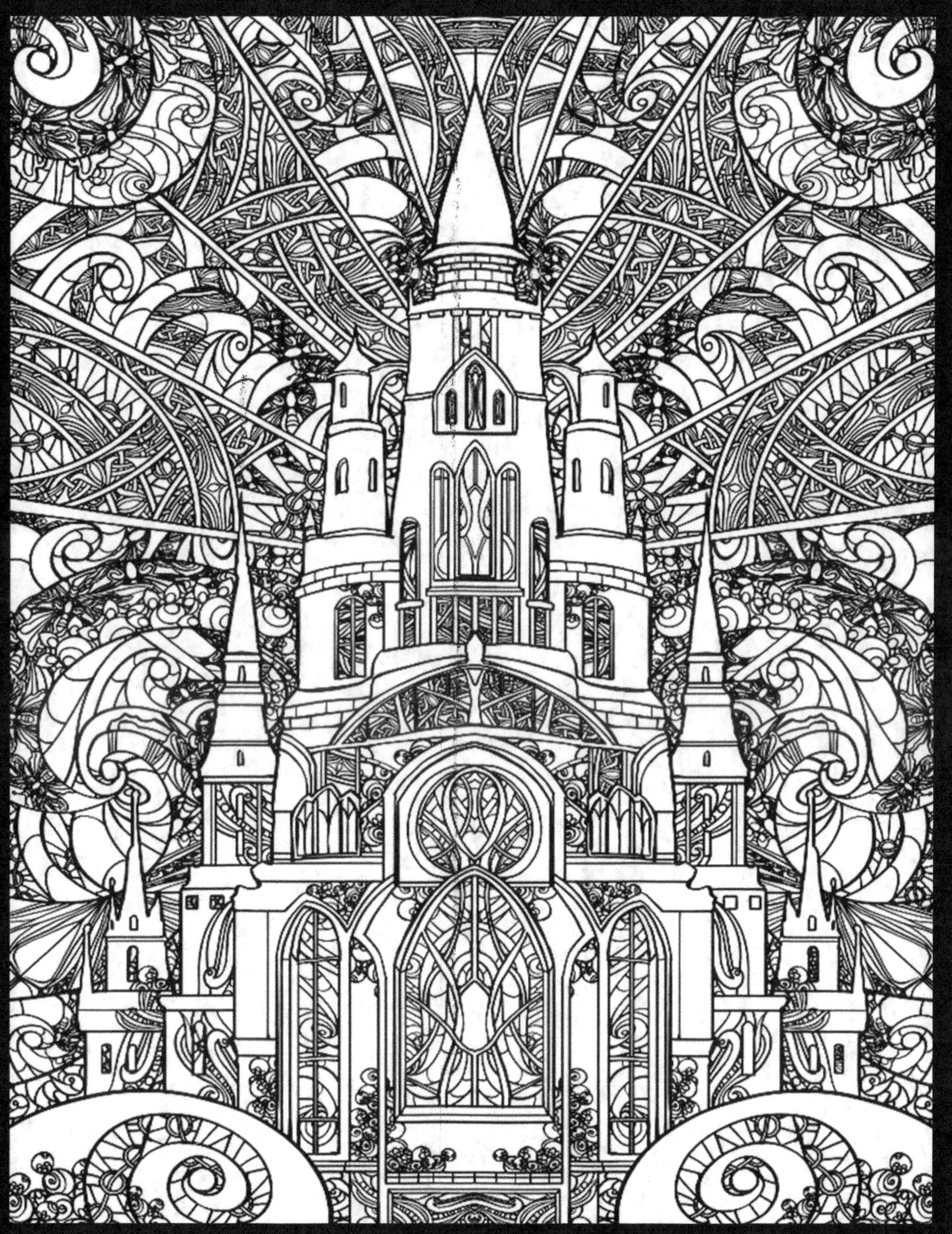

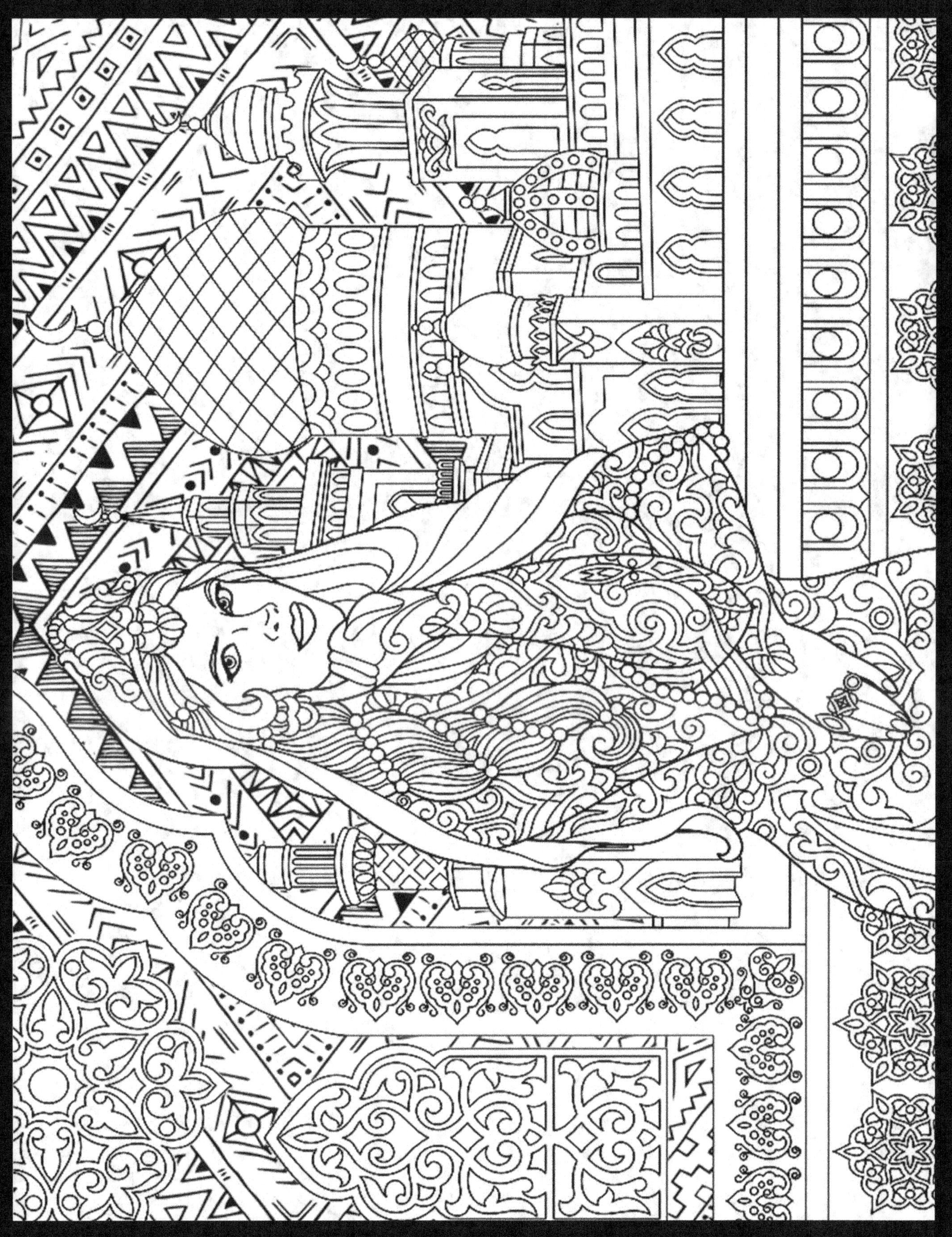

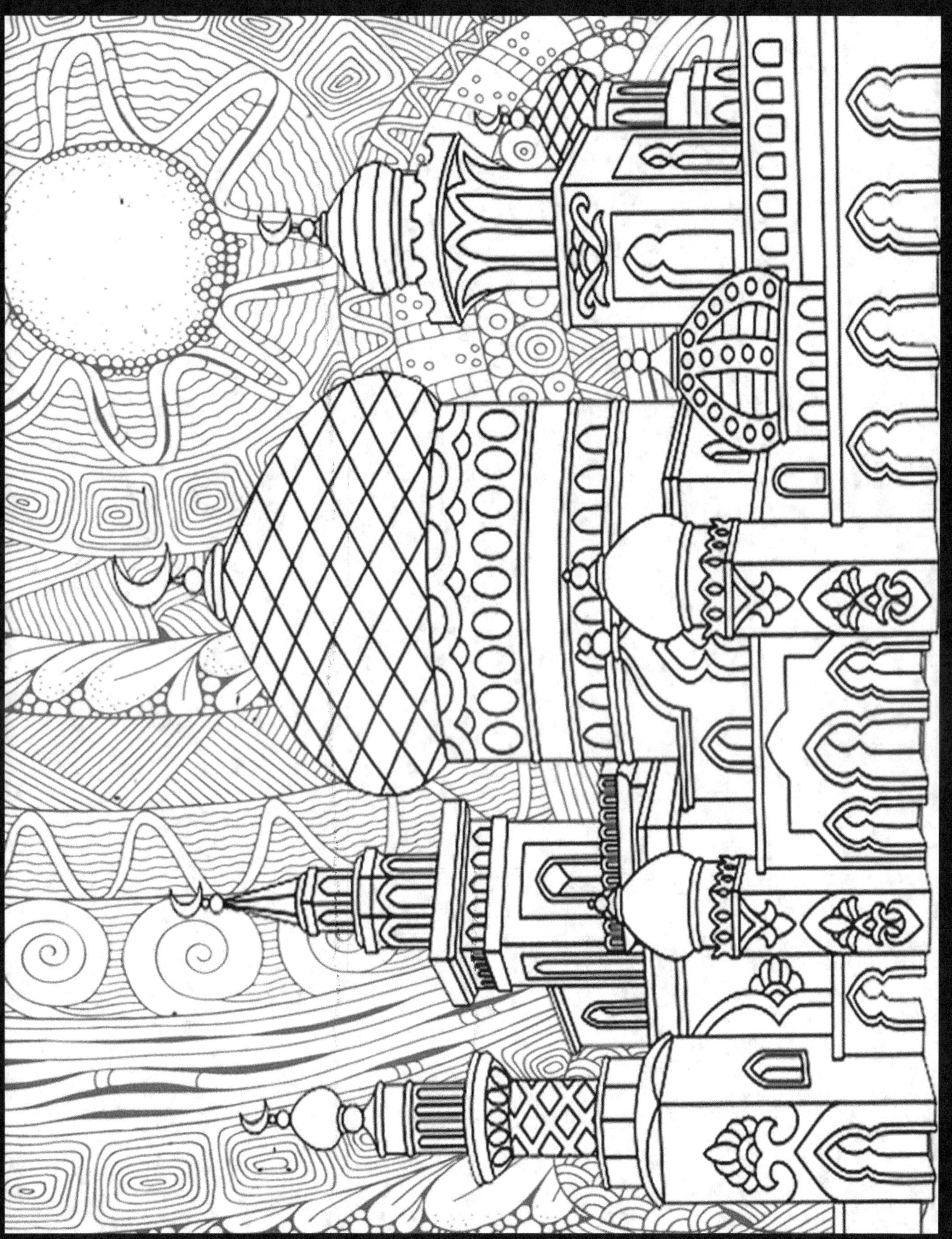

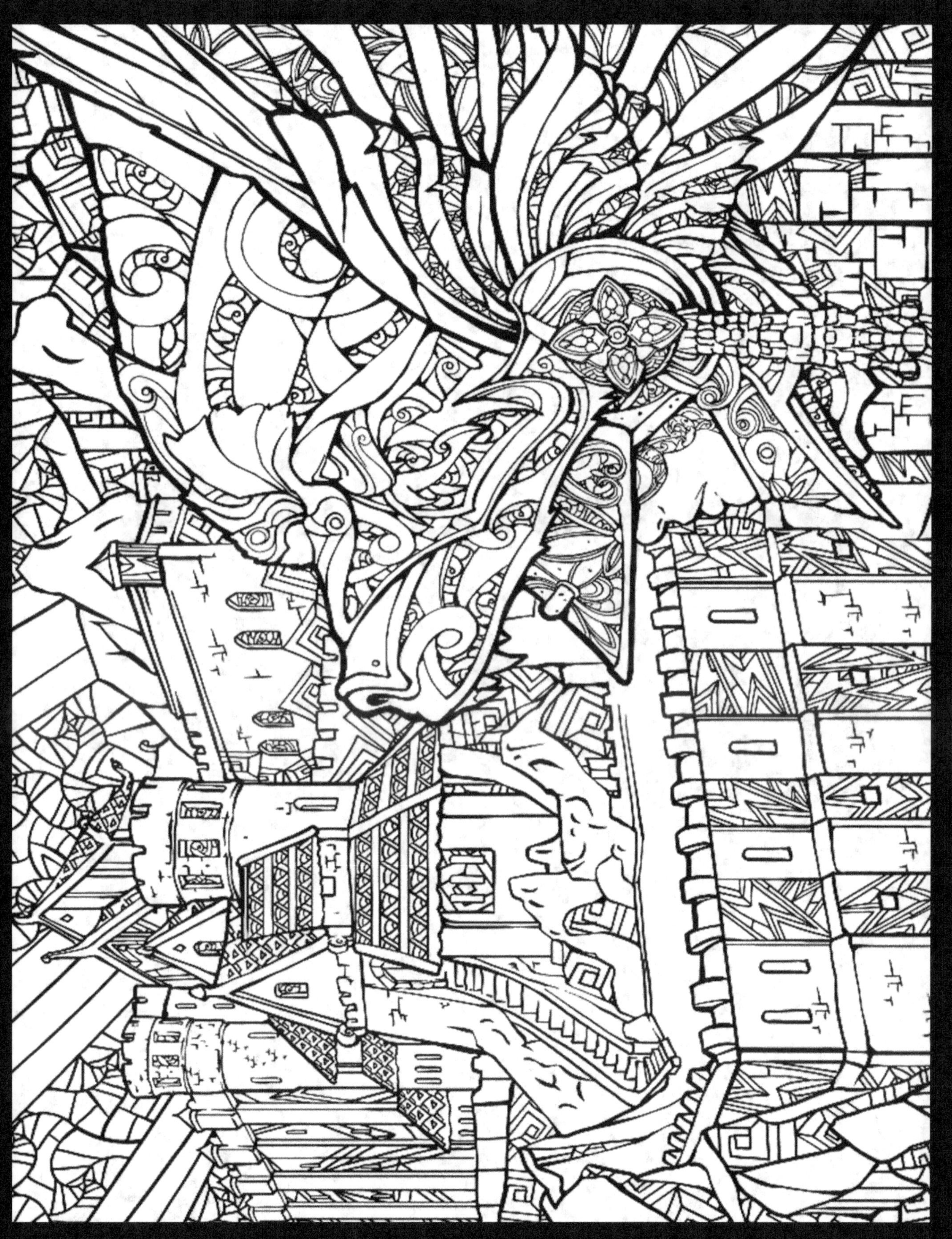

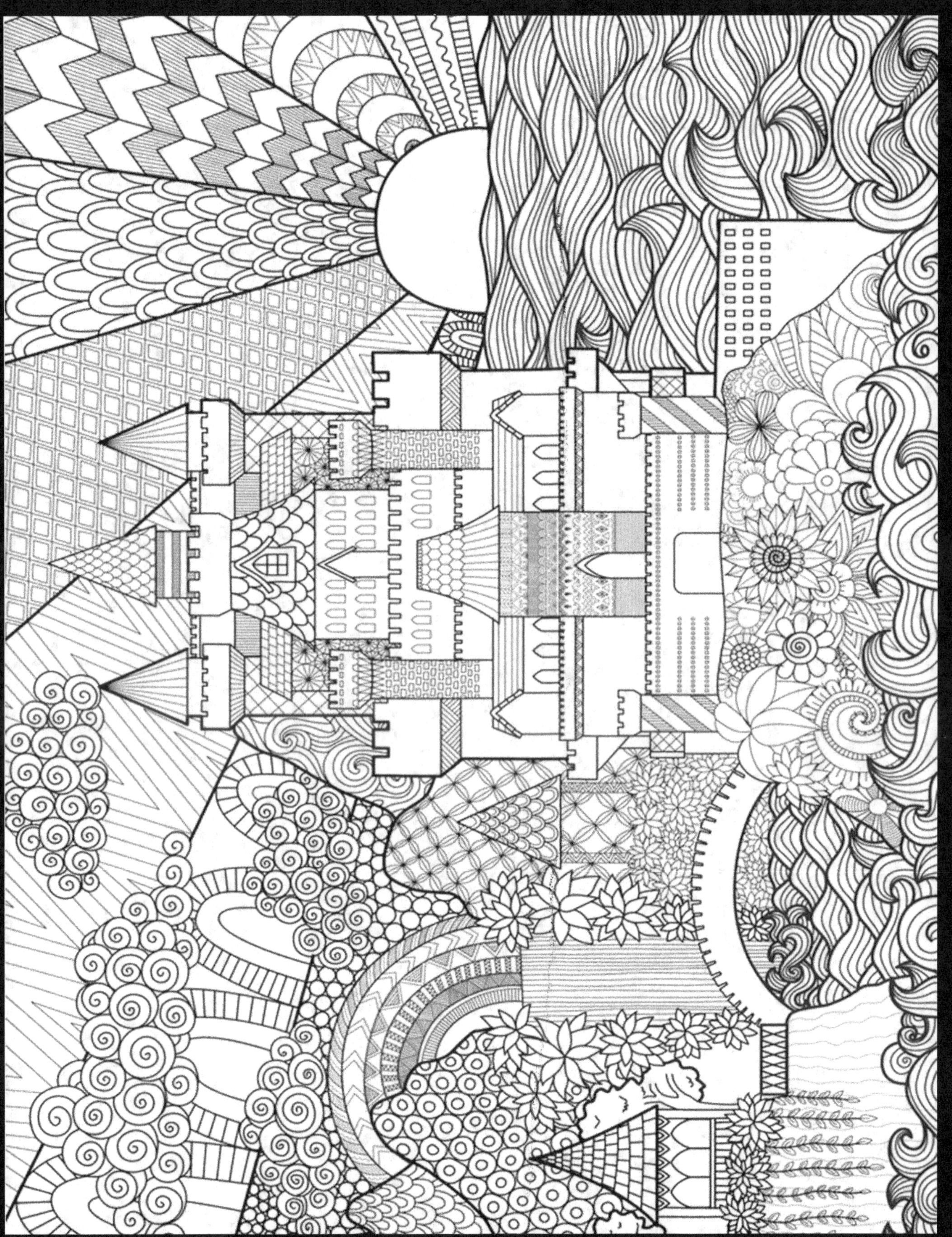

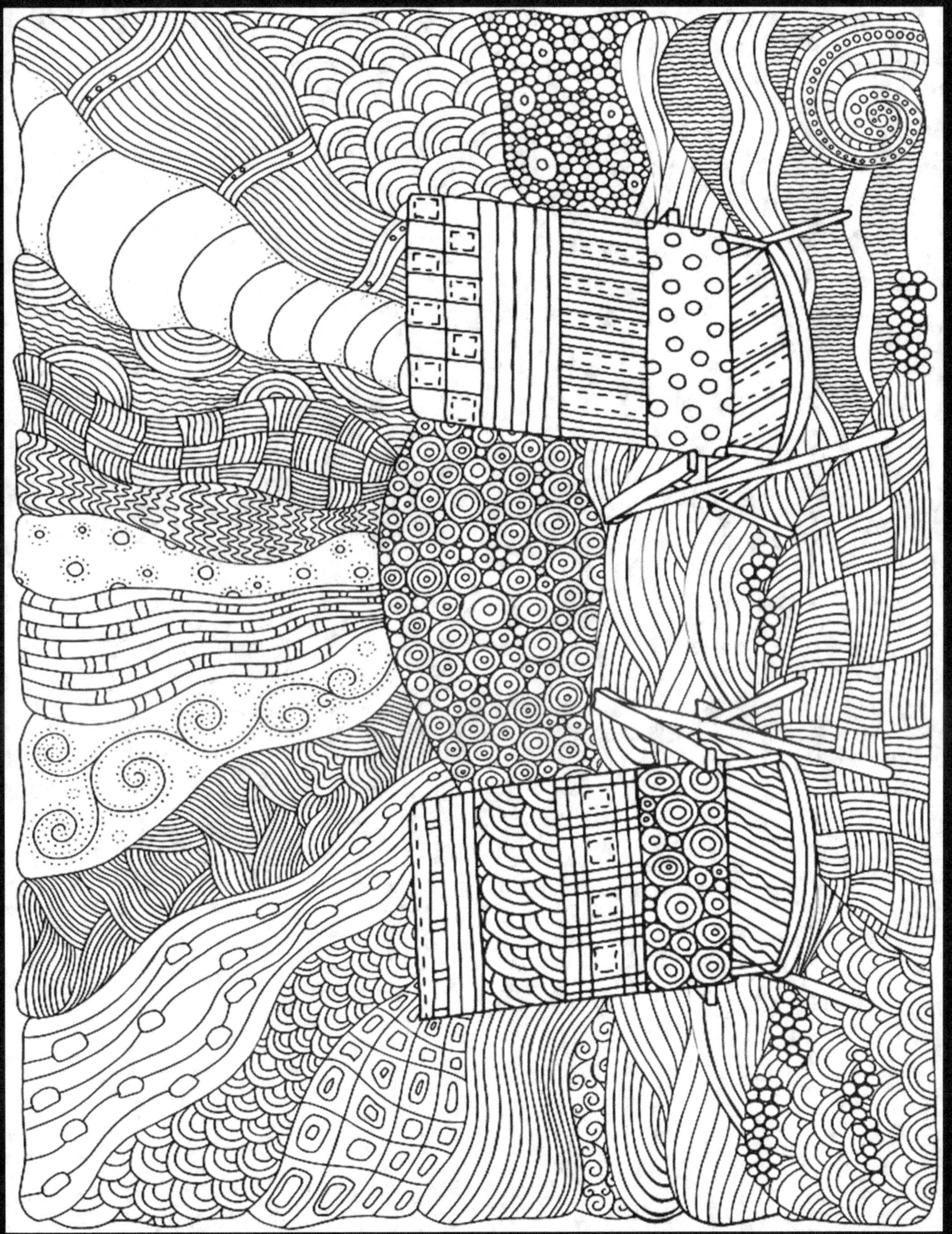

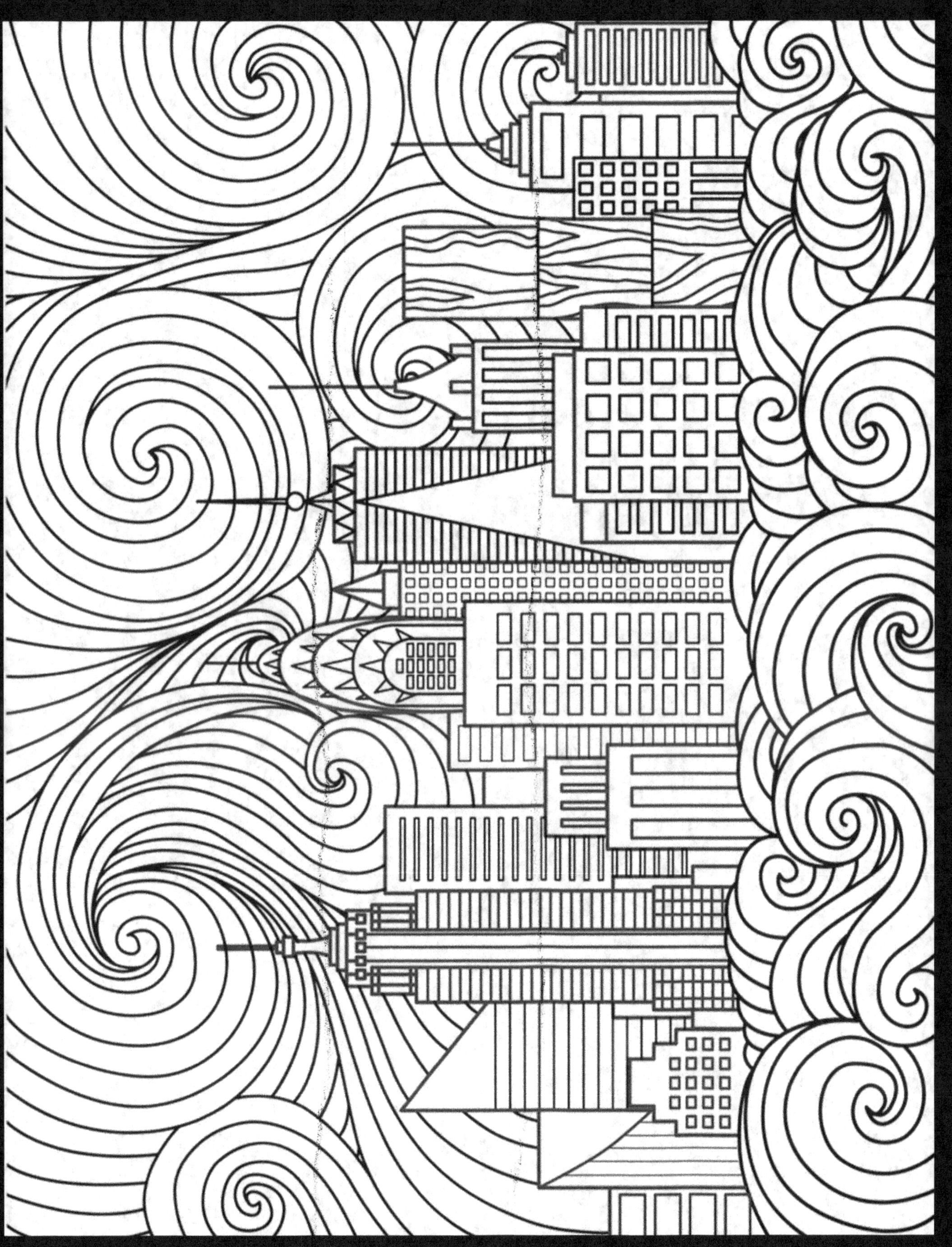

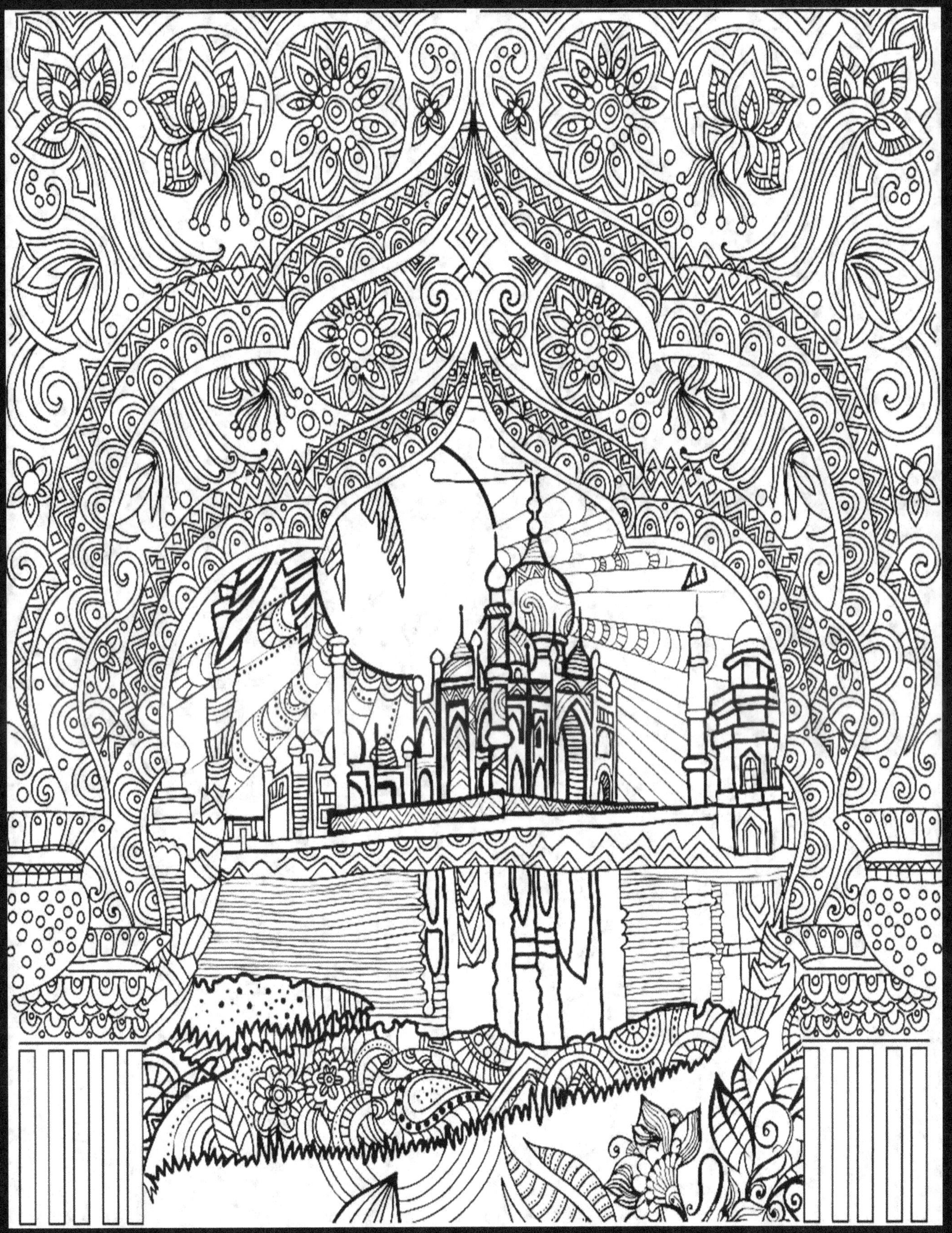

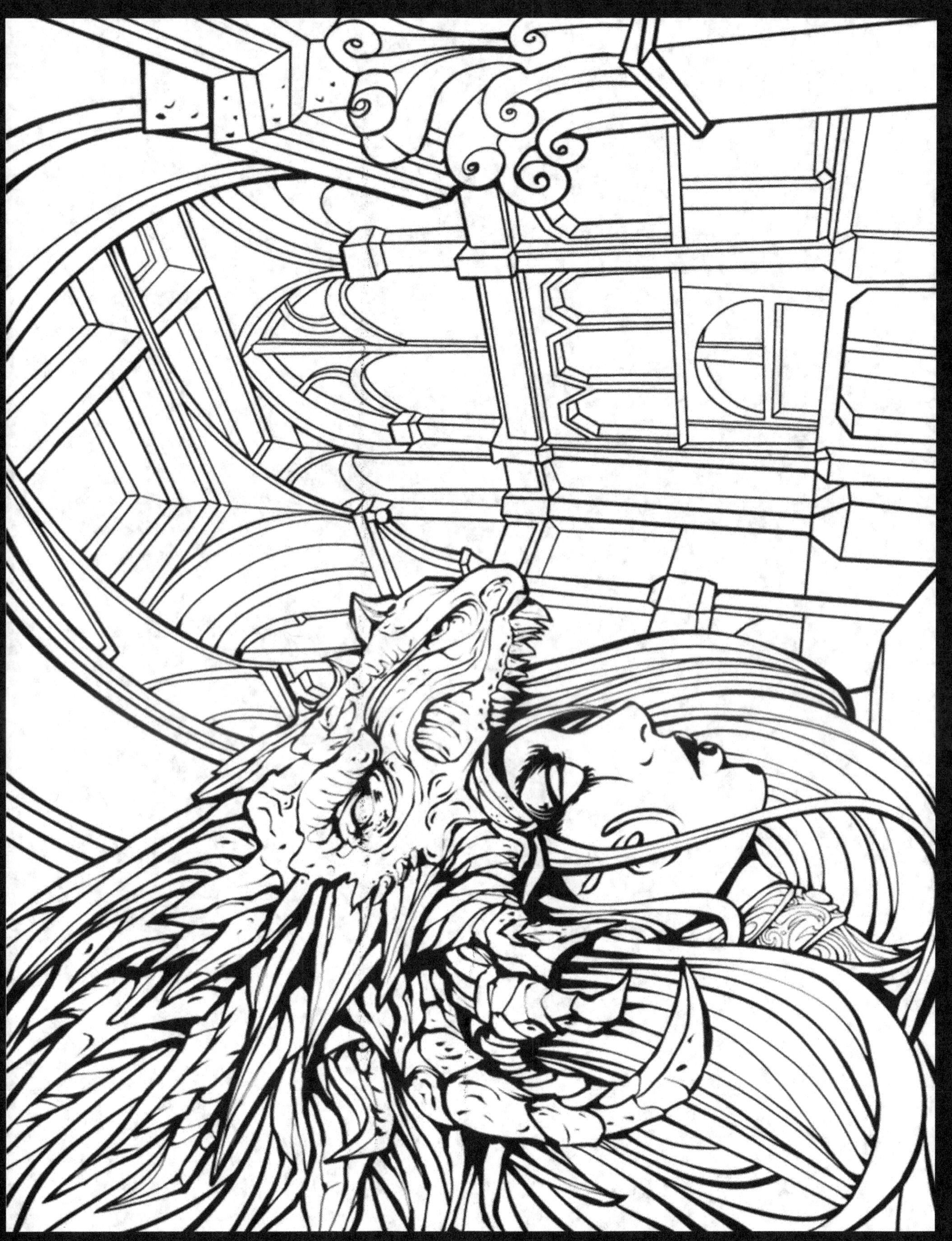

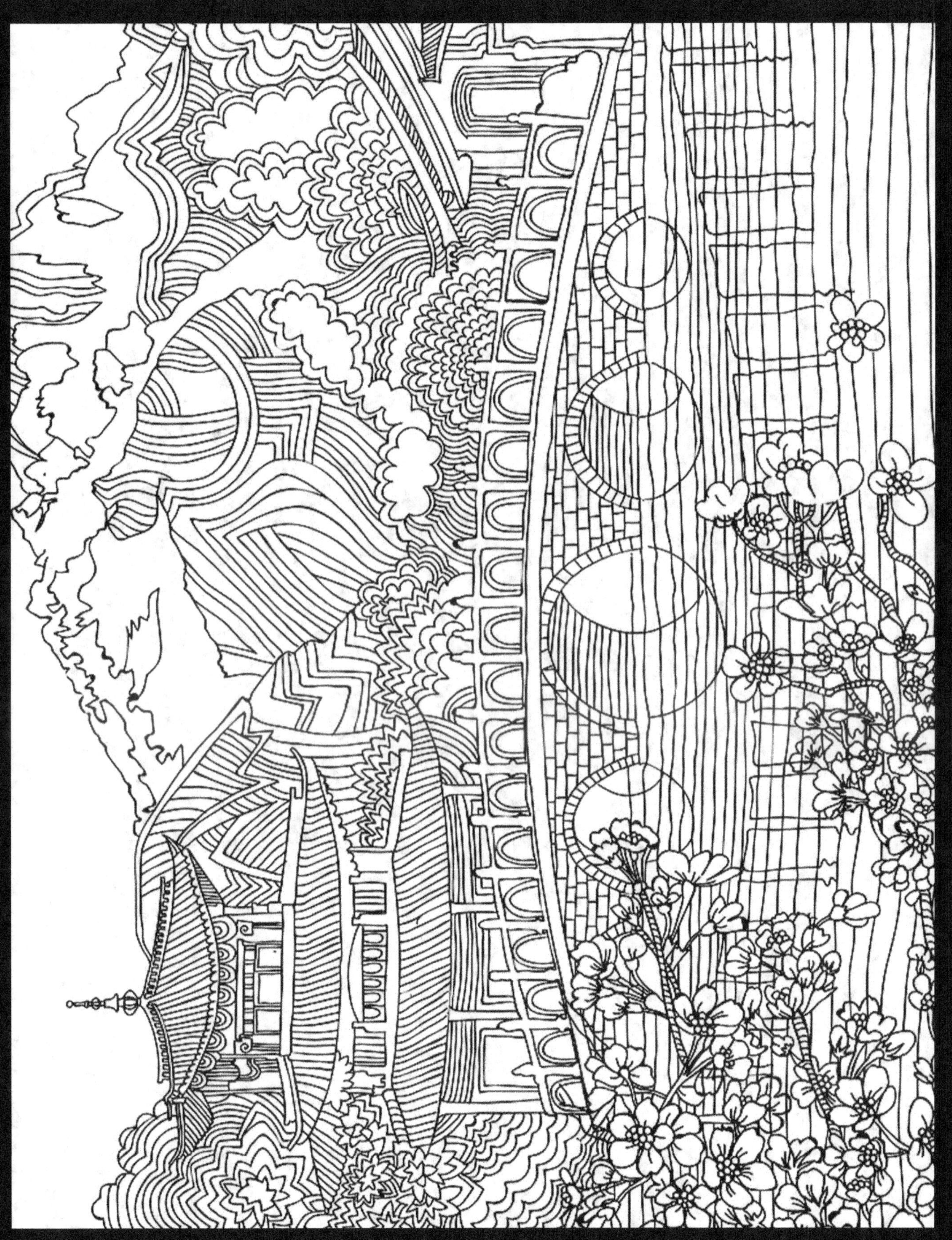

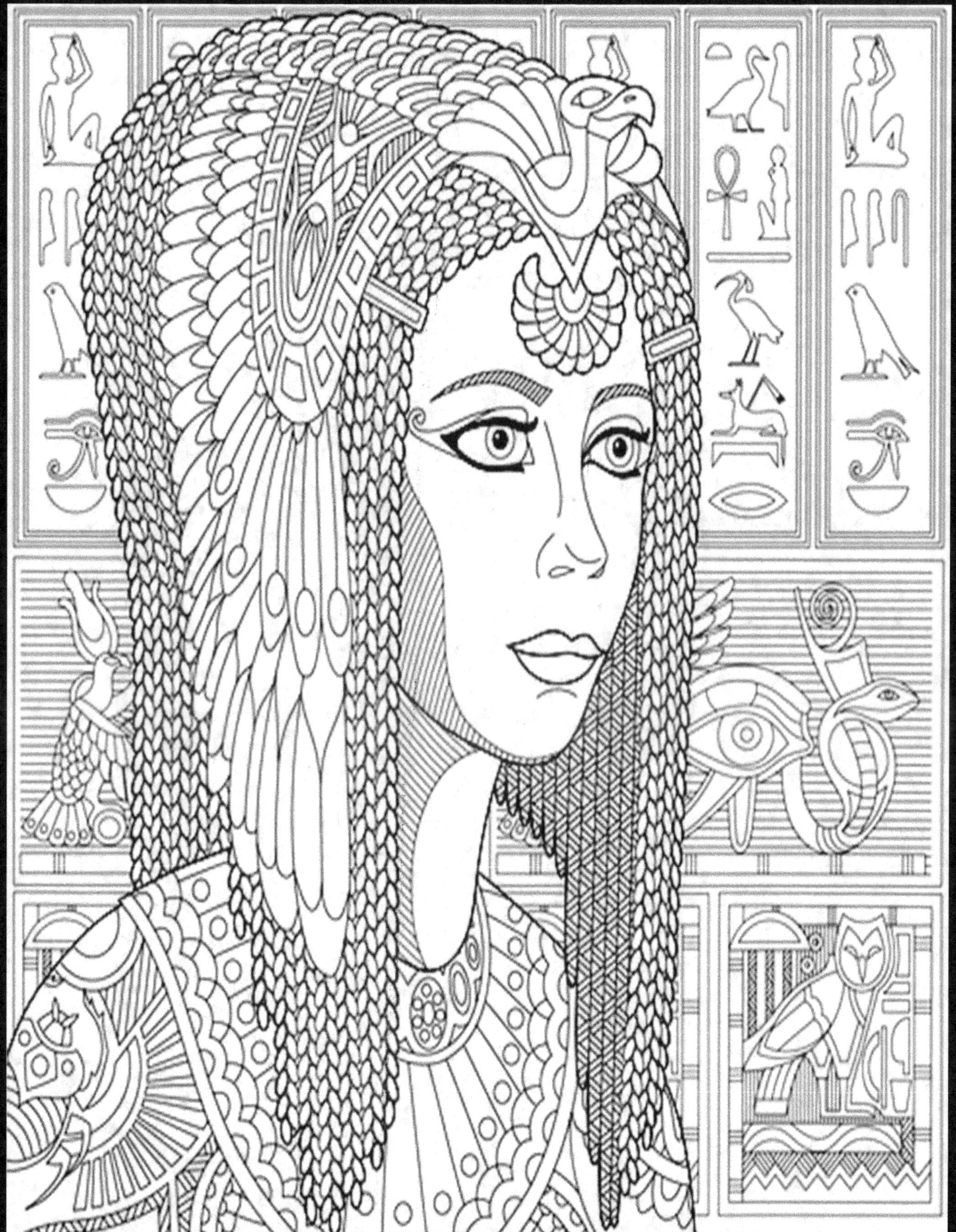

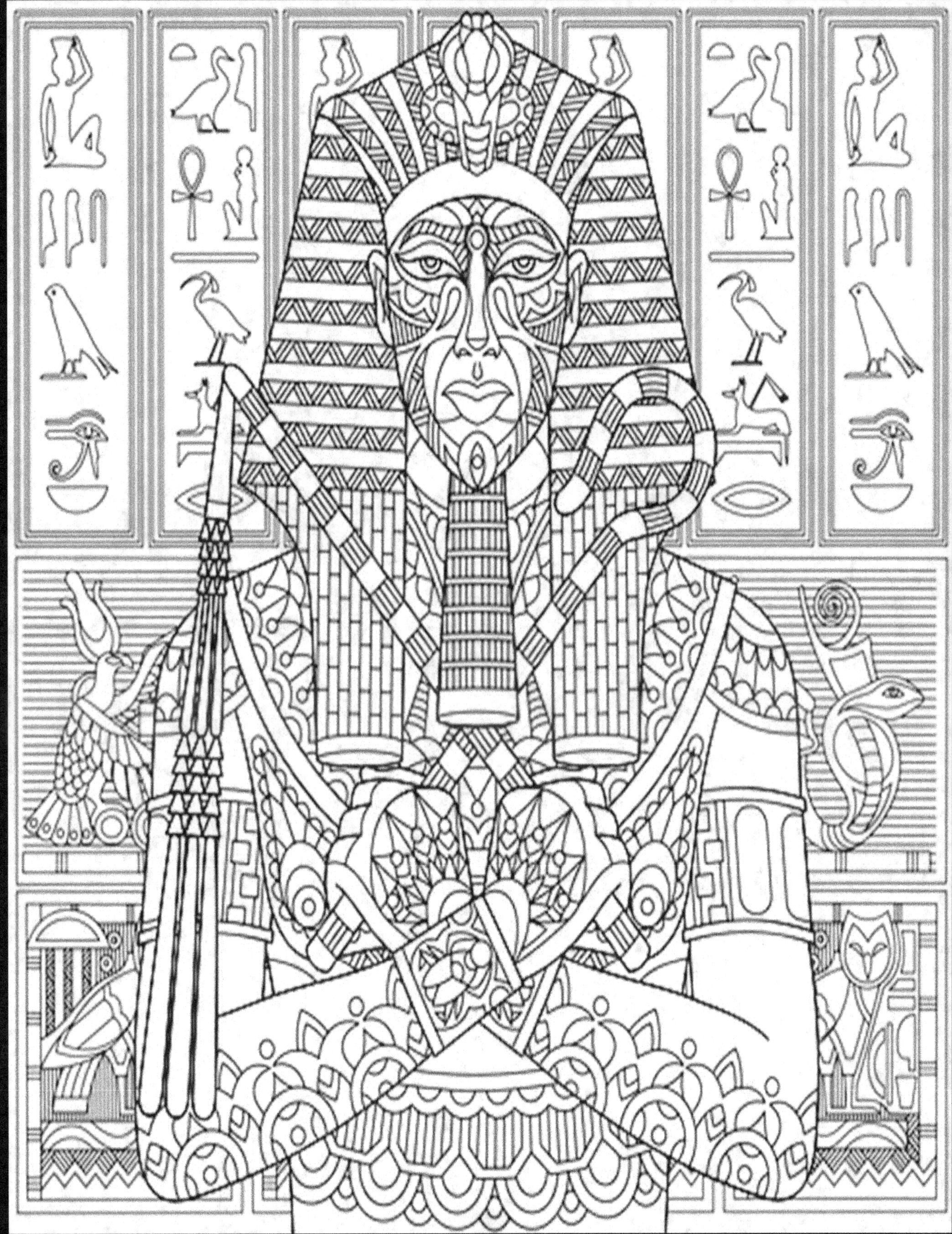

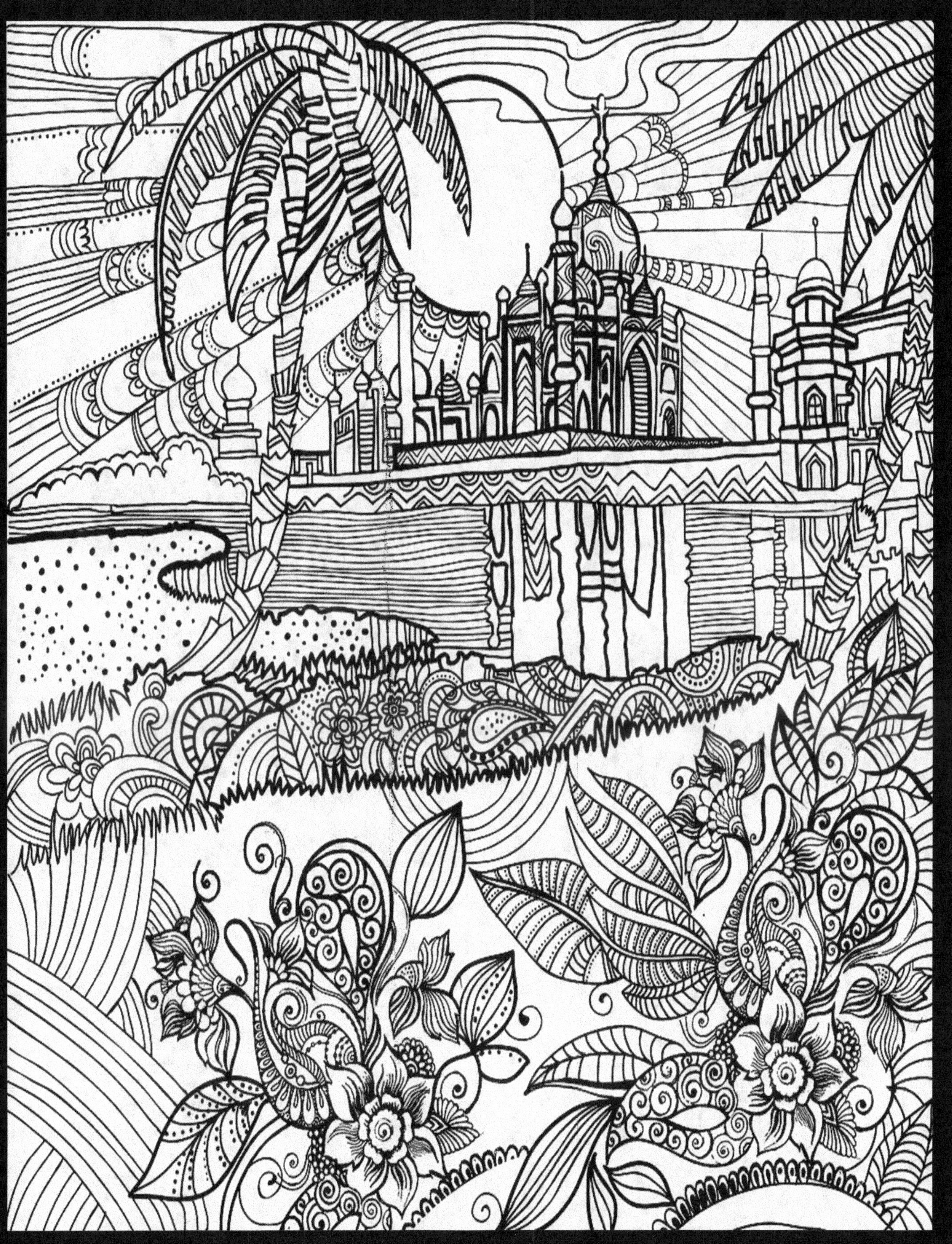

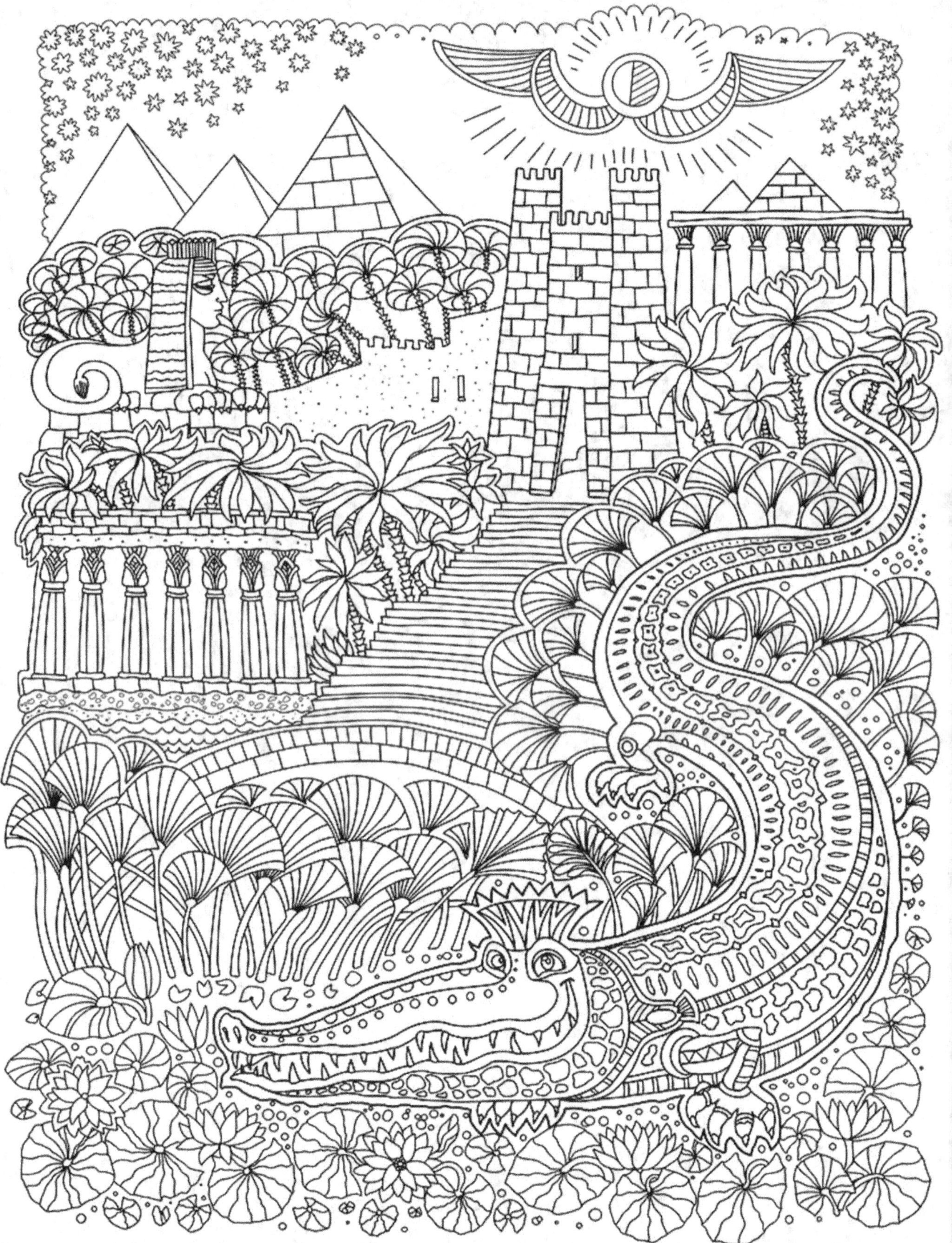

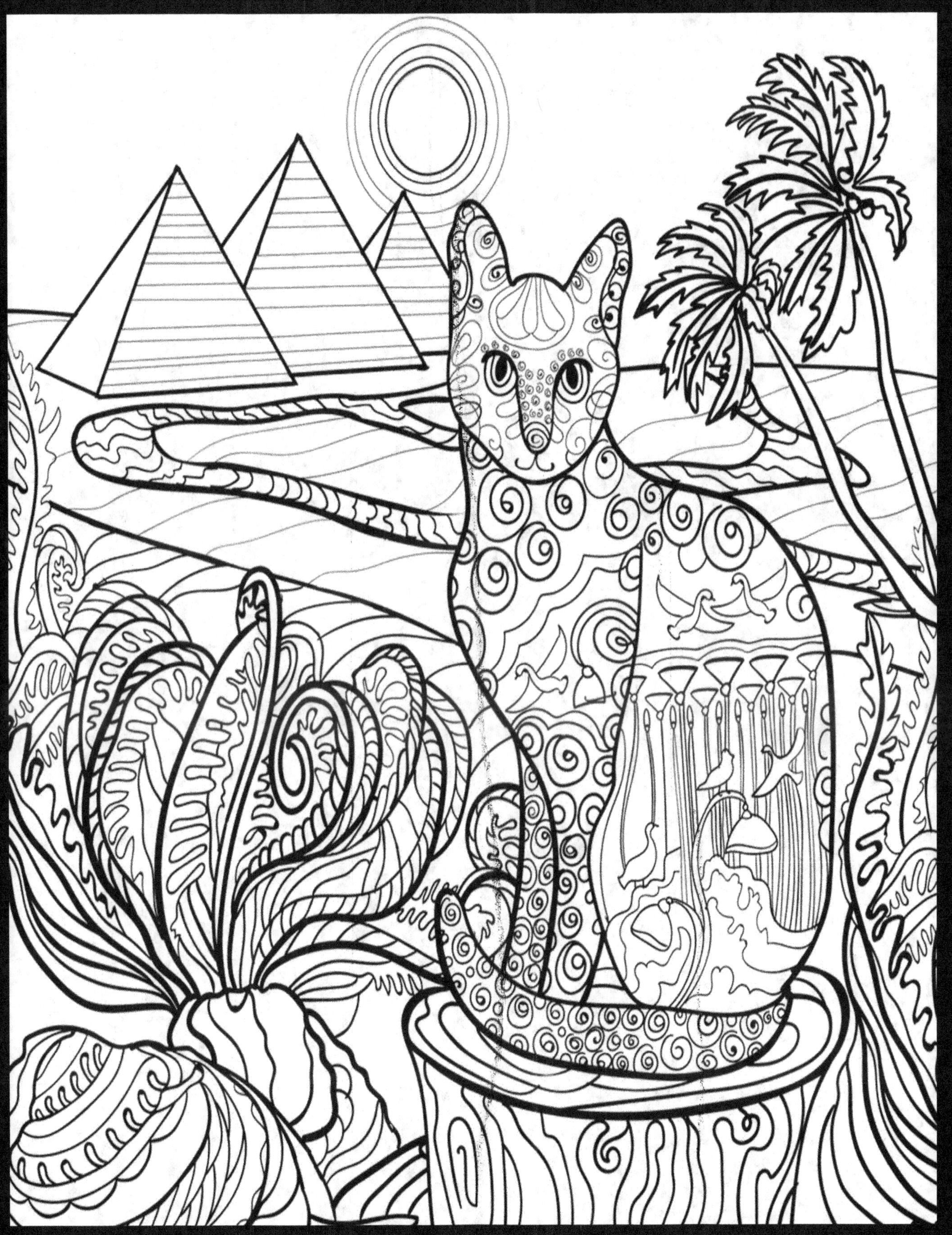

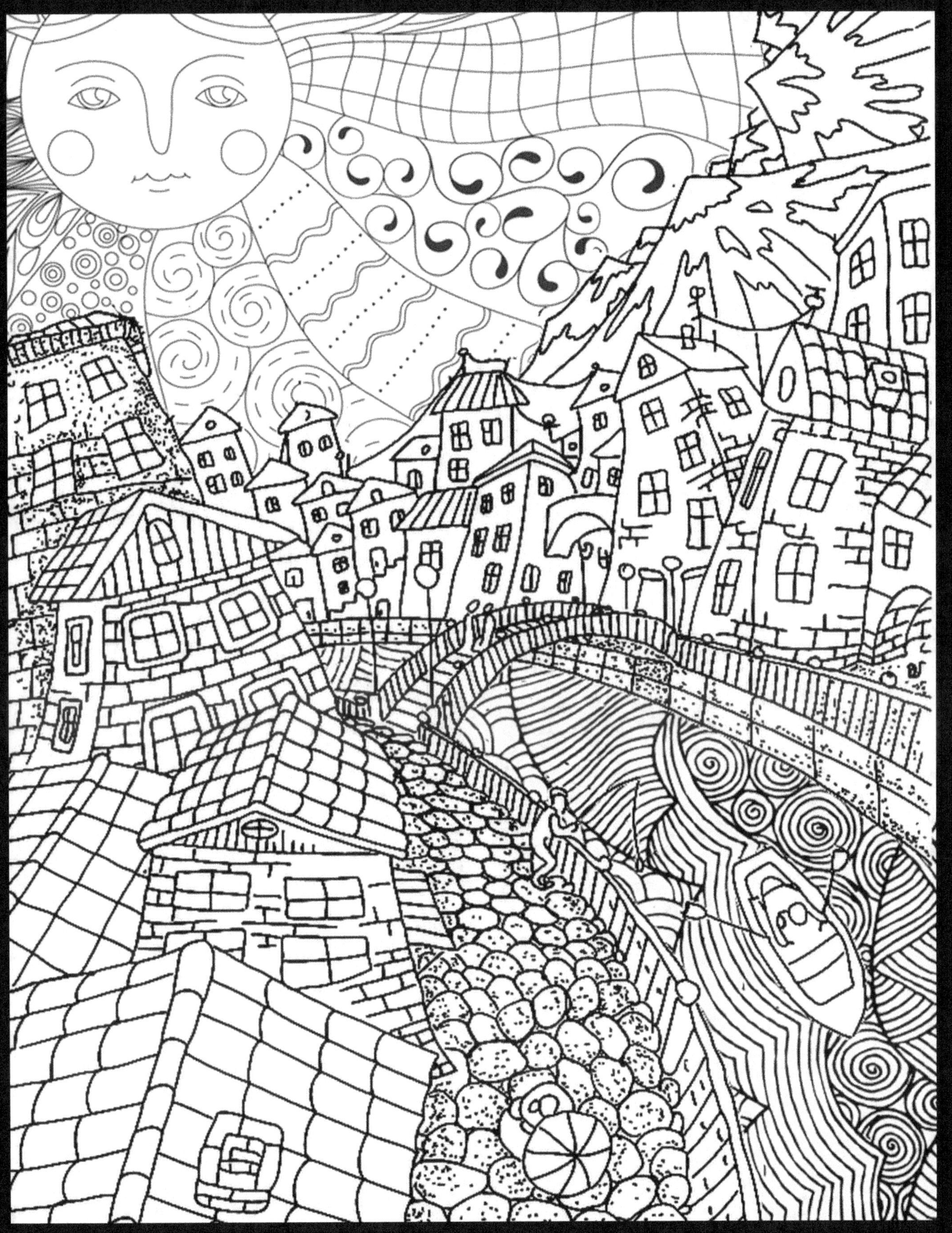